## DANS LA MÊME COLLECTION

Georges Barbarin : **Le Livre de la mort douce.**
Nerys Dee : **Comment interpréter vos rêves.**
Yves Gaël : **Talismans dévoilés.**
Huguette Hirsig : **L'Astrologie médicale.**
Paul-Clément Jagot : **Comment développer votre magnétisme personnel.**
Paul-Clément Jagot : **L'Influence à distance.**
Paul-Clément Jagot : **Comment guérir par le magnétisme.**
Paul-Clément Jagot : **Méthode pratique de magnétisme, hypnotisme, suggestion.**
Paul-Clément Jagot : **Théorie et pratique de l'hypnotisme.**
Jean-Pol de Kersaint : **Toute la numérologie.**
Jean-Pol de Kersaint : **Tout par la radiesthésie.**
René Lacroix à l'Henri : **Manuel de radiesthésie.**
Joanne Leslie : **La Cartomancie pour tous.**
Antoine Luzy : **La Radiesthésie moderne.**
Michael Miller et Josephine Harper : **Comment développer votre énergie psychique.**
Papus (Dr Gérard Encausse) : **La Réincarnation. Ce que deviennent nos morts.**

# Le livre de la
# mort douce

collection Initiation

## OUVRAGES DU MÊME AUTEUR

(actuellement disponibles)

*Comment vaincre peurs et angoisses* (Éditions Dangles).
*Le Livre de la mort douce* (Éditions Dangles).
*L'Optimisme créateur* (Éditions Dangles).
*Comment on soulève les montagnes* (Éditions Dangles).
*Les Clés de l'abondance ; le jeu passionnant de la Vie* (Éditions Dangles).
*La Clé* (Éditions Astra).
*Le Livre de chevet (l'Ami des heures difficiles)* (Éditions Le Roseau, Montréal ; diffusion Payot, Paris).
*La Nouvelle Clé* (Éditions Le Roseau, Montréal ; diffusion Payot, Paris).
*Le Secret de la grande pyramide* (Éditions Adyar et J'ai Lu) (édition de luxe aux Éditions de Fleurville).
*Recherche de la N^e^ dimension.*
*L'Énigme du grand Sphinx* (Éditions Adyar et J'ai Lu).

**Fins de stocks :**

*J'ai vécu 100 vies.*
*Histoires de bêtes.*
*Sois un as !*
*Le Voyage au bout de la raison.*
Ouvrages en vente chez Mme Feuillet-Barbarin, Les Mas de la Rouguière, 06480 La Colle-sur-Loup (France). Joindre enveloppe timbrée pour la réponse.

**Autres principaux ouvrages épuisés :**

*Recherche de la N^e^ dimension.*
*Le Protecteur inconnu* (autobiographie).
*La Fontaine de jouvence.*
*Les Clés du bonheur.*
*Je et Moi.*
*Demande et tu recevras.*
*Affirmez et vous obtiendrez.*
*Vivre divinement.*
*L'Après-mort.*
*La vie commence à 50 ans.*
*Dieu est-il tout-puissant ?*
*Le Problème de la chair ou l'énigme sexuelle.*
*Faites des miracles.*
*Les Clés de la santé.*
(Possibilités de photocopies ou de cassettes enregistrées de ces livres épuisés, chez Mme Feuillet-Barbarin, à l'adresse ci-dessus.)

Georges BARBARIN

# Le livre de la mort douce

Comment ne plus redouter
l'instant de la mort

12e mille

Éditions Dangles
18, rue Lavoisier
45800 ST-JEAN-DE-BRAYE

**L'AUTEUR :**

Poète, écrivain et journaliste connu, Georges Barbarin réalise, en 1936, une évolution profonde et s'oriente vers le spiritualisme. Il découvre la recherche ésotérique, et fait paraître avant la guerre des livres d'une brûlante actualité encore aujourd'hui, tels que : *L'Après-mort, Le Secret de la grande pyramide, l'Énigme du grand Sphinx, La Danse sur le volcan* (la dérive des continents), *Les Cycles historiques, Les Derniers Temps du monde, l'Antéchrist, etc.*

Mais son œuvre la plus importante reste le *Mysticisme expérimental* qui a permis à des milliers de lecteurs de comprendre le pourquoi de leur vie. Son langage pur et clair a ouvert la voie spirituelle à d'innombrables personnes qui sentaient confusément leur besoin « d'autre chose », et il a ainsi touché tous les publics, les plus simples comme les plus cultivés.

Jusqu'à sa mort, en 1965, sa vie fut un exemple vivant de foi profonde en l'Amour et en l'Homme, et il vécut vraiment avec Dieu qu'il appelait l'AMI. Même sa mort fut éloquente, et il laisse derrière lui une œuvre importante et humaniste.

La première édition de ce livre a été réalisée en 1937
par les Éditions Adyar, Paris.

*Nouvelle édition :*



ISBN : 2-7033-0268-1
ISSN : 0763-8566

« ... *Un peu profond ruisseau calomnié, la Mort...* »

Stéphane Mallarmé

Les hommes sont comme ces enfants qu'effraie le coin d'ombre dissimulé derrière le rideau et que leur imagination peuple de créatures monstrueuses.

Si l'on écarte l'étoffe, ils s'aperçoivent que le coin est vide.

Nous voulons lever le rideau.

## Avertissement de l'éditeur

Ce livre a, pour la première fois, été édité en 1937 et reçut immédiatement un accueil particulièrement chaleureux, tant de la part de la grande presse de l'époque (voir les quelques critiques de presse reproduites ci-après) que surtout des lecteurs qui y ont trouvé un puissant réconfort face à l'angoisse de la mort. « *Dans l'acte de vivre, il n'est pour ainsi dire pas un homme que ne visite la crainte de mourir* » ; cette interrogation est donc universelle.

Après avoir réédité l'ouvrage de Georges Barbarin : *Comment vaincre peurs et angoisses* (en 1983), de nombreux lecteurs nous ont demandé si nous ne pourrions pas également rééditer *Le Livre de la mort douce* qu'ils recherchaient avec avidité.

Ce « livre de premier ordre » (appréciation de Maurice Maeterlinck) apporte véritablement une réponse positive à cette question que tout un chacun se pose un jour ou l'autre : l'instant ultime de la vie sera-t-il ou non douloureux, tragique, insupportable ? Ce texte fournit la réponse ; il est réconfortant, rassurant, bienfaisant, pertinent, s'appuie sur d'innombrables témoignages de grande valeur et est « *écrit avec la rigueur médicale indispensable* » (Maurice Magre). Il soulagera bien des angoisses, lèvera bien des craintes et s'avérera en même temps une grande leçon d'humanisme.

Voilà pourquoi nous avons tenu à rééditer ce livre en y ajoutant, à titre posthume, tout un chapitre que l'auteur avait rédigé 25 ans après la première parution et consécutivement à l'abondant courrier qui est venu lui confirmer la justesse de ses vues.

L'Éditeur (1984)

## **Quelques extraits de presse sur la première édition** (1937)

« Livre de premier ordre. » (Maurice Maeterlinck.)

« Volume fort intéressant, destiné à tous les êtres intelligents hantés par la crainte de la mort. » (Georges de la Fouchardière, *L'Œuvre.*)

« Thèse consolante. » *(Les Annales politiques et littéraires.)*

« Il est heureux qu'un livre comme celui-ci nous rassure. » (Noël Sabord, *Paris-Midi.*)

« Georges Barbarin nous dévoile aujourd'hui, en des pages remarquablement documentées, les rites voluptueux du passage dans l'au-delà. » (Pierre Malo, *L'Homme libre.*)

« Grâce à M. Georges Barbarin, la presse et la radio commentent sans relâche, depuis une quinzaine au moins, les conditions diverses préparées par le destin au vivant qui va quitter la vie. » (Marcel Prévost, *Paris-Soir.*)

« Revenons-nous à la sagesse antique ? » (*Midi-Journal,* Bruxelles.)

« Façon curieuse et inattendue. » *(La Dépêche de Toulouse.)*

« Un livre qui n'avait pas été fait et qui intéresse tout le monde. » *(Micromégas.)*

« Georges Barbarin s'élève à une sereine philosophie. » *(L'Éducation physique.)*

« Livre d'un excellent écrivain, instructif pour tous et précieux aux esprits méditatifs. » *(Le Symbolisme.)*

« Quantité de références autorisées. » *(La Vie médicale.)*

« Expérience tout bonnement extraordinaire. » (*La Presse indochinoise,* Saïgon.)

« Une foule d'évidences. » (University of Oklahoma, U.S.A.)

« Lecture à recommander aussi bien aux esprits forts qu'aux cœurs pusillanimes. » *(La Revue de Lausanne.)*

« Enquête sérieuse, réfléchie... Ce livre est une bonne action. » *(Journal des lycées.)*

« Savant travail... » *(La Semaine égyptienne.)*

« Un livre dont on a parlé, dont on parle et dont on parlera. » *(Psychics.)*

« On sent, derrière le physicien attaché à l'évidence, un métaphysicien non moins armé. » (Hector Talvart, *Les Nouvelles littéraires.*)

« La réhabilitation de la mort, ni plus ni moins. » *(L'Indépendant.)*

« Démonstration claire, style aisé. » *(Le Journal des instituteurs.)*

« Livre bienfaisant où beaucoup pourraient trouver réconfort et leçon de sagesse. » *(Le Populaire.)*

« Un grand bouquin, digne d'être lu, répandu, médité dans tous les milieux. » (Pierre Devaux, *Gringoire.*)

« D'une belle tenue et riche d'enseignements. » *(L'Homme libre.)*

« Immense documentation... » *(La Nouvelle Revue française.)*

« Livre d'une brûlante actualité et d'une opportunité certaine. » *(Le Matin d'Anvers,* Belgique.*)*

« Formidable dossier rassemblé depuis des années. » *(Le Cahier.)*

« Traité avec infiniment de tact. » *(Le Petit Niçois.)*

« Très bien écrit et aussi très bienfaisant. » *(L'Écho de l'Ouest.)*

« Thèse établie avec beaucoup de pertinence et qui justifie amplement les éloges que lui ont décernés les personnalités les plus diverses. » *(La République du Congo.)*

« Interessantissimo per le ide esposte. » (*Malati medici medicine,* Turin.*)*

« Volume substantiel que Georges Barbarin nous offre avec une modestie paisible et une souriante amabilité. » (André Lichtenberger, *La Victoire.*)

« De ce livre se dégagent les plus hautes leçons. » *(L'École française.)*

« Réconfortant... » *(Boccace.)*

« Intéressant par sa documentation. » *(Le Jour.)*

« Lecture non seulement aisée mais instructive et convaincante. » *(Revue métapsychique.)*

« Une foule de témoignages et d'anecdotes. » *(Le Larousse mensuel.)*

« Réforme notre conception de la mort. » *(L'Illustration.)*

« Non facile problema. Georges Barbarin lo tratta da nalista obiettivo, de de studioso preoccupato de lumeggiare il fenomeno tale quale a. » (Giuseppe Sera, *Quadrivio,* Rome.)

« Essai fouillé. » *(La Gazette de Lausanne.)*

« Provoque beaucoup de commentaires ardents et offre une originalité indiscutable. » *(La France militaire.)*

« Heurte l'opinion reçue mais contient certainement une grande part de vérité. » *(Vendredi.)*

« Je suis un converti d'avance. » (Professeur François Villemin.)

« Je m'en doutais que la mort n'était qu'un glissement probablement doux, mais on me le démontre et on me l'explique. Merci, Georges Barbarin. » (Edmond Haraucourt, *La Dépêche de Toulouse.*)

« Écrit avec la rigueur médicale indispensable. » (Maurice Magre.)

« La plus haute et la plus noble des ambitions. » (Léo Larguier.)

« Vif intérêt. » (Louis Lumière.)

« Enquête non banale. » (Joseph Lolinon.)

AVANT-PROPOS

# Qu'est-ce que la mort ?

## 1. L'impossible définition

On a souvent tenté de donner une définition de la mort et là, comme partout, l'intelligence s'est révélée impuissante à expliquer l'inexplicable.

Pour le Larousse, la mort est la cessation de la vie et ce truisme un peu naïf est celui qui, somme toute, approche le plus de la vérité.

Pour A. Dastre, professeur de physiologie à la Sorbonne : « La mort est un phénomène progressif qui commence en un point et s'étend à l'ensemble. Elle a un début et une durée. En d'autres termes la mort d'un organisme complexe est un processus (1). »

Le même physiologiste souligne, en outre, la solidarité de toutes les parties du corps entre elles (solidarité des éléments anatomiques, solidarité humorale, solidarité nerveuse) qui « fait de l'être complexe, non pas une cohue de cellules, mais un système lié, un individu où les parties sont subordonnées au tout, et le tout aux parties, où l'organisme social a ses droits comme l'individu a les siens ».

Toujours d'après le professeur Dastre, la vie générale de l'être est la somme et le comportement ordonné des vies élémentaires et « la mort générale est la dislocation de ces vies partielles ».

Or ce qui nous importe ici, ce n'est pas la mort biologique ou physiologique, mais la mort sentimentale, c'est-à-dire le **sommeil**

1. *La Vie et la Mort* (Librairie Ernest Flammarion).

**définitif de la conscience humaine et l'abolition des perceptions du cerveau.**

Que la mort théorique soit « le déséquilibre oscillatoire » de Lakhowsky, la conséquence de « la localisation de la fonction » de Delbœuf, ou le fait même de « l'état multicellulaire » signalé par Weismann, etc., voilà qui est d'un intérêt assez faible. Une seule chose compte pour nous : le moment où la pensée humaine n'a plus l'intelligence de ce qui l'entoure et cesse définitivement de « sentir ».

## 2. Le principe de vie

D'ailleurs pour avoir une définition valable de la mort, il faudrait avoir une définition valable de la vie. Le célèbre axiome : « La vie est l'ensemble des phénomènes qui s'opposent à la mort » pourrait être retourné sans inconvénient.

Morley Martin, l'homme qui crée artificiellement des vertébrés, serre la réalité d'un peu plus près : « C'est une erreur, écrit-il, de penser que la vie est un état du corps. La vérité est que le corps est un état de la vie. »

Lorsque nous allions jadis à la pêche, nous réfléchissions parfois, au retour, sur le mécanisme de la vie et de la mort.

— Eh ! quoi ! nous disions-nous, la tanche, en qui le principe de vie est si obstinément attaché, demeure à présent inerte au fond de la gibecière. Si on la prend dans la main elle ne bouge plus et pourtant son corps n'a pas encore de rigidité... Qu'on la mette dans l'eau sur-le-champ : au bout d'un temps, le mouvement des branchies s'amorcera et la tanche sera vivante. Qu'on la laisse dans le sac, l'immobilité persistera et la tanche sera morte... Quelle est donc la semence de vie (étincelle, fluide, radiation ?) qui circule pour un temps dans ce petit corps ?

Naguère, on ne ramenait les asphyxiés à la vie normale qu'au bout de quelques minutes. On ranime aujourd'hui certains noyés après une immersion prolongée et au bout de plusieurs heures de respiration artificielle.

On commence de façon courante à faire battre le cœur arbitrairement jusqu'à ce que la vie s'établisse à nouveau. « Demain, a-t-on pensé, nous ressusciterons les cadavres jusqu'aux portes de la putréfaction. » C'est là une erreur des hommes. Si perfectionnée que devienne leur technique, le retour à la vie ne peut avoir lieu que si le principe de vie est toujours là. Or nul ne connaît ni, vraisemblablement, ne connaîtra jamais l'insaisissable, subtil, immatériel principe de vie. Une fois la... *chose* partie, aucun pouvoir scientifique moderne ne peut empêcher la dissociation.

H. de Varigny se demande aussi : « Qu'est-ce que la mort ? » Et il se répond : « On ne sait absolument pas. Ce n'est pas la vie telle que nous la connaissons : voilà tout ce qu'on peut dire, mais de ce qu'elle est nous ne pouvons rien affirmer. »

Georges de la Fourchardière est plus affirmatif dans la négation et son avis n'est pas négligeable car on sait qu'il n'y a pas de cœurs plus profondément métaphysiciens que ceux des humoristes irréligieux.

Il a dit quelque part : « La mort c'est : moins la vie, comme nous disons en algèbre. »

Et, plus loin : « Si la vie est une quantité positive et relative, la mort est une non-valeur absolument fixe, stabilisée à zéro... »

Que dirons-nous donc nous-même de la mort ?

Ce n'est pas un acte mais une évolution, pas un fait mais une certitude, pas un état mais un changement, pas une présence mais une absence.

A la mort, nous sommes aux frontières de l'inconnaissable, du moins sur le plan matériel.

Il nous semble, une fois parvenus sur le seuil, que seul le bois de la porte nous sépare du mystère et, là encore, nous sommes victimes d'une illusion. Il n'y a pas de porte dans le couloir de la mort.

A tout peser, il n'y a pas davantage de mort que d'obscurité et de silence. La mort est l'absence de vie, l'obscurité l'absence de lumière, le silence l'absence de bruit.

Mais il y a véritablement la mort, comme il y a le silence et l'obscurité, qui ont leurs fins légitimes.

Et tout dépend finalement de l'angle sous lequel le phénomène s'envisage. Les ténèbres sont *spirituellement* l'exception et *physiquement* la règle. La lumière est *spirituellement* la règle et *physiquement* l'exception.

## 3. Enquête sur l'instant physique de la mort

Dans le but d'acquérir la certitude qui nous a conduit à écrire le présent ouvrage, nous nous sommes livré à une vaste enquête auprès d'un grand nombre de nos contemporains. Nous nous sommes efforcé d'atteindre toutes sortes de gens appartenant à toutes sortes de milieux et se recommandant des tendances les plus diverses.

C'est ainsi que nous avons été amené à interroger des médecins, des philosophes, des prêtres, des pasteurs, des écrivains, des biologistes, des hygiénistes, des directeurs d'hôpitaux, des infirmières, des guérisseurs, des occultistes, des soldats, des hospitalisés, des « rescapés », etc. ; et nombre de personnes des deux sexes, de toute condition et de tout âge, de manière à obtenir des témoignages récents sur l'instant physique de la mort.

L'immense majorité des réponses qui nous ont été fournies, et dont les plus typiques seront présentées au cours de cet ouvrage, confirme sans la moindre équivoque notre conception personnelle de la mort.

Quelques objections nous ont été faites cependant qui, toutes, pivotent autour du même conformisme, leurs auteurs ne se fiant qu'aux apparences et à la croyance de leurs devanciers.

Telle est celle qui nous a été faite par l'excellent critique et romancier Noël Sabord et qui constitue la réponse type, où se cristallise la manière de voir et surtout *l'impression* des objecteurs.

Nous nous bornerons à reproduire cette réponse-ci parce qu'elle résume en les condensant toutes les autres et se retranche, avec adresse et clarté, derrière l'argument traditionnel sentimental :

« Le commun, nous dit M. Noël Sabord, n'a pas l'expérience physique de la mort. Le médecin, ou tout homme instruit du phénomène, sait qu'il va mourir ; les autres, non, sauf dans certains cas, de sorte que les affres finales leur sont sans doute épargnées. Mais, de votre point de vue, il reste la douleur physique, l'agonie dont nous ne savons rien, dont la souffrance paraît et doit être plus ou moins vive suivant les cas, que le médecin adoucit d'ailleurs dans toute la mesure permise. Les morts de vieillesse (extinction douce), la fin des phtisiques, prennent généralement le caractère de l'euthanasie. Mais il doit y avoir des morts cruelles que notre instinct pressent. Le sentiment commun n'admet point, en effet, qu'on meure aisément, ce qu'exprime la parole connue : " Ce n'est rien d'être mort, le tout c'est de mourir. "

« J'ai vu des morts apparemment douces. Je ne saurais affirmer qu'elles l'ont été réellement et il serait vain de les décrire.

« Mon opinion reste que le mécanisme de mort est généralement affreux et qu'il n'est guère possible de persuader l'homme du contraire. Je demeure convaincu que l'euthanasie ne se voit que chez certains vieillards à bout et sans tares organiques (cancer par exemple), chez certains malades grisés par leurs toxines (tuberculeux) ou par la morphine, chez quelques mystiques extasiés. »

Le « commun », dit M. Noël Sabord, n'a pas l'expérience physique de la mort. Nous présumons que, dans la pensée de l'auteur, il s'agit de l'expérience *clinique,* puisque celui-ci ajoute qu'au contraire « le médecin, ou tout homme instruit du phénomène, sait qu'il va mourir ».

C'est là prêter au médecin une connaissance et une clairvoyance qu'il n'a pas. D'une part, c'est précisément la science qu'il croit avoir des derniers instants qui l'abuse sur les conditions du phénomène et, d'autre part, l'illusion devant la mort est de règle, presque aussi souvent chez le praticien que chez le banal consultant.

En outre, il n'y a pas — ou si peu — d'homme instruit du phénomène de la mort, et substituer une bonne conception à une mauvaise constitue précisément l'objet de ce livre.

M. Noël Sabord poursuit : « Il reste la douleur physique, l'agonie dont nous ne savons rien, dont la souffrance paraît et doit être plus ou moins vive suivant les cas, que le médecin adoucit d'ailleurs dans toute la mesure permise. »

En effet, nous ne savions rien de l'agonie jusqu'à maintenant, sinon ce que les témoins en bonne santé et en parfait état d'équilibre s'en représentaient. On verra dans les chapitres ci-après comment et avec quelle netteté les seuls témoins valables et directs (ceux qui sont revenus du seuil de la mort) contredisent le témoignage imaginatif des autres. Avec une impartialité à laquelle nous rendons hommage, M. Noël Sabord dit que la souffrance de l'agonie « paraît » et « doit » être plus ou moins vive, c'est-à-dire qu'en dépit de l'appréhension que lui cause cette souffrance, il n'est est aucunement sûr.

Passons sur la phrase relative à l'adoucissement par le médecin des derniers instants. Nous montrerons ce qu'il convient d'en penser dans certaines de nos pages terminales.

Et venons-en à l'assertion essentielle de M. Noël Sabord, qui est, sous des formes diverses et généralement moins heureuses, celle de la plupart des autres objecteurs : « Le sentiment commun n'admet point qu'on meure aisément. »

En effet, le sentiment commun ne s'en rapporte d'ordinaire qu'au témoignage normal de ses sens. Tout paradoxe, toute vérité à contre-courant le surprend et le blesse, même si l'interprétation qu'on lui propose est de nature à l'apaiser ou à le servir.

Le sentiment commun est tout-puissant non parce qu'il est sentiment, mais parce qu'il est commun. Les hommes aiment s'agréger et agréger leurs opinions, que celles-ci soient bonnes ou mauvaises.

Quand l'opinion commune s'est cristallisée en proverbe : « Ce n'est rien d'être mort, le tout est de mourir » elle acquiert force de loi.

Dût le sentiment commun en être bouleversé, la conception héréditaire de la mort physique ne repose sur rien. Elle est le fruit âcre et amer de la raison logicienne.

Or, la mort n'est pas une donnée de l'intelligence, mais un problème de l'instinct.

*

* *

La même objection nous est fournie par Edmond Thiaudière qui, dans *La Haine du Vice,* la formule en termes pleins de grâce : « Il est vraiment dommage que la Mort, dit-il, qui nous délie de tant d'obligations cruelles ou tout au moins fastidieuses, n'ait pas ces doigts de rose dont les poètes de jadis qualifiaient l'Aurore. »

C'est précisément parce qu'elle est infiniment subtile et parce que son emprise est insensible que la « Mort », même allégorique, survient à la façon d'un voleur et emporte le patient sans même qu'il s'en soit aperçu.

CHAPITRE I

# Légende et vérité de la mort

## 1. Méconnaissance du phénomène

Dans l'acte de vivre, il n'est pour ainsi dire pas un homme que ne visite la crainte de mourir. Les uns éprouvent de l'effroi, d'autres de la répulsion. Bien peu songent au moment de leur fin avec indifférence. Aucun n'y puise de réconfort.

On ne devrait pas avoir à mourir plus de peine que n'en a le voyageur à poser son fardeau sur la route. Mais, pour cela, il est indispensable de réformer au préalable notre conception de la mort.

Les hommes n'ont qu'une notion dérisoire de la mort et ne veulent savoir ni si elle est amère, ni si elle est douce, ni si elle est aisée, ni si elle est difficile, ni si elle est un mal, ni si elle est un bien.

Ils n'en connaissent que l'apparence, c'est-à-dire ce que leurs sens en perçoivent : un débat, une immobilité, une dispersion.

## 2. La fausse allégorie de la mort

L'enfant a moins peur de la mort que l'adulte, et l'adulte que le vieillard. La vie qu'on pleure ainsi n'est donc pas si laide, et peu d'hommes redoutent d'avoir vécu.

C'est que la civilisation — arbre de la science du bien et du mal — a introduit dans le cerveau la notion d'effroi avec la notion d'intelligence. Croyant enseigner la vie aux hommes, elle leur a appris l'épouvante de la mort. La mort des instinctifs (sauvages, certains Orientaux, animaux en liberté) se fait avec une simplicité émouvante, sans démonstrations, sans révolte, sans nerfs.

Mais puisque l'Occidental a désappris l'acte de résignation, il lui faut savoir regarder la mort en face, non pas telle qu'elle paraît être, mais exactement comme elle est.

La mort, déesse funèbre, est une entité, un produit arbitraire de l'imagination des hommes, une sécrétion morbide de l'épouvante et de la peur.

Ce sont les rites, les fétichismes, les philosophies qui l'ont dotée d'une personnalité anthropomorphe : on la représente, d'ordinaire, sous la forme d'un squelette armé d'une faux.

La Mort avec un grand M, la *Camarde,* la *Tueuse* est l'œuvre des peintres, des sculpteurs, des musiciens, des poètes. Elle n'a, en réalité, ni visage, ni essence, ni individualité.

Et c'est là qu'il faut d'abord en venir. La Mort classique n'est qu'une allégorie. En cette qualité, on la revêt de voiles funèbres et on l'entoure d'un appareil d'horreur.

Cette conception erronée de la mort en rend l'évocation pénible aux hommes. Le jour où ceux-ci l'accompagneront de chants sereins et d'aromes, ils cesseront de l'envisager avec terreur.

Et si le vulgaire tient à s'en faire une représentation, que ne la voit-il douce et maternelle, sans larmes d'argent, sans voiles noirs, sans cyprès ?

Les religions anciennes ne donnaient pas à la mort des traits hideux. Le paganisme, dit Benjamin Barbé, la représentait « comme une belle jeune fille dormant... dans les bras de la Nuit, sa mère, et de son frère, le Sommeil ».

**Ce sont les hommes eux-mêmes qui ont enlaidi la mort.** Ils l'imaginent à travers leur ignorance et leur crainte. Ils pourraient s'en faire une amie ; ils en font un épouvantail.

Les Anciens, qui étaient beaucoup plus à l'abri des traumatismes que nous, en arrivaient parfois à ne plus redouter la mort, à force de se familiariser avec elle. Les Modernes, dont la vie est sans cesse menacée par leurs découvertes, finissent par moins craindre la mort à force de n'y point penser. Du moins la diversité du spectacle extérieur qui leur est offert leur permet de s'évader d'eux-mêmes et de disperser leur angoisse aux quatre coins des affaires et du plaisir. Sans doute, chaque jour, de nouveaux hommes sont dévorés par les forces, qu'ils asservissent ; mais ceux d'entre eux qui survivent continuent la route en fermant les yeux.

Au fond, le plus effrayant ce n'est pas notre propre mort dont les approches nous sont fréquemment cachées. C'est la mort des autres dont les phases se déroulent théâtralement devant nous. Les mœurs sociales ont fait de la mort un drame spectaculaire, alors que, réduite à son véritable sens, elle devrait être un acte secret.

Débarrassée de son vêtement conventionnel, la mort se ramène à des proportions très simples. Non seulement elle n'est ni répugnante ni effrayante, mais encore rien n'est plus aisé et, parfois, plus agréable que de mourir.

## 3. Confusion entre la souffrance et la mort

Il convient de dissiper la confusion qu'établissent entre la souffrance et la mort la majorité des hommes.

La souffrance est l'apanage de la vie. On souffre plus longtemps pour guérir que pour mourir. Si l'homme avait l'assurance de ne pas mourir, il endurerait la douleur avec une fermeté incroyable, mais la perspective de mourir, même sans douleur, lui cause de l'appréhension.

C'est que l'éventualité de la mort inspire à la créature une répulsion conformiste, moins en raison de ce qu'elle en sait qu'en raison de ce qu'elle n'en connaît pas. La mort représente pour beaucoup un tel saut dans l'inconnu, une telle rupture des habitudes que peu d'hommes, même parmi les plus aventureux, cherchent à y assouvir leur curiosité.

Et cela est dû, sans doute, à l'effroi de l'inconnaissable et au chagrin de la séparation, mais aussi à une sorte d'horreur physique dont nous espérons qu'après ce qui va suivre les lecteurs seront affranchis.

## 4. La crainte de la fin chez les diverses races

Cette thèse n'a rien de doctrinaire ni de tendancieux. Elle ne vise à blesser aucune religion, à saper aucune philosophie. Elle réserve entièrement l'hypothèse de la survie et s'efface provisoirement devant le problème de l'au-delà.

Son objet s'arrête à la mort même, *considérée comme le terme de la vie physique* et, plus spécialement, à l'agonie dont l'étymologie est « combat ».

La contenance de l'homme devant la mort diffère évidemment avec les races, les latitudes et les circonstances qui l'environnent.

L'agonie d'un Extrême-Asiatique ne ressemble pas à celle d'un Latin, l'agonie d'un rustre à celle d'un artiste, l'agonie d'un sauvage à celle d'un civilisé.

Les Chinois, dit le père Huc, « meurent avec une tranquillité, une quiétude incomparables, sans agonie, sans éprouver ces agitations, ces secousses terribles qui, d'ordinaire, rendent la mort si effrayante. Ils s'éteignent tout doucement comme une lampe qui n'a plus d'huile pour s'alimenter ».

Une telle sérénité n'est cependant point l'apanage de tous les Asiatiques puisque, dans un de ses articles aux hindous, Gandhi reproche à ceux-ci de n'avoir pas encore obtenu le *Swaraj* qui, d'après lui, « consiste à ne pas avoir peur de la mort ».

« Les Anglais, écrit Gandhi, portent leur vie dans leur poche. Les Arabes et les Pathans considèrent que la mort n'est qu'un malaise comme un autre et ne pleurent jamais lorsqu'un de leurs parents meurt... L'Inde, dit-on, est une nation de philosophes... Et cependant il n'est guère de nation plus désemparée que la nôtre devant la mort, et dans l'Inde, nulle communauté peut-être ne le montre autant que les hindous. »

Il est évident, d'autre part, qu'une asphyxie durant le sommeil, un traumatisme foudroyant, certaines apoplexies ou pneumonies ne laissent aucune trace à l'angoisse puisqu'elles n'en laissent pas à la réflexion.

Mais, dans nombre de cas, l'homme sent l'approche de la

mort ou la devine. Il y a une minute de confrontation tragique entre la conscience et le destin.

Quelle est donc la réaction de l'Occidental civilisé lorsqu'il entrevoit la fin, non pas comme une possibilité éloignée ou une probabilité hypothétique, mais comme l'échéance inéluctable du soir ou du lendemain ?

Cela dépendra de ses nerfs, c'est-à-dire de la fréquence de son pouls et de ses réactions endocriniennes. Il aura en présence de l'inévitable une stupeur et un émoi inaccoutumés. Chez les uns, le spasme moral sera bref, chez les autres, il aura un peu plus de durée, jusqu'à ce que l'accommodation, cette arme des espèces fragiles, l'amène à considérer l'événement sans trouble et même avec une sorte de familiarité.

## 5. Le processus de l'agonie

Ce qui frappe le plus l'entourage des moribonds c'est la lutte musculaire et nerveuse par laquelle ceux-ci s'opposent à la fuite de la vie.

**Ainsi, même dans la mort, les hommes s'attachent plus aux apparences qu'à la réalité.**

La crispation classique des mains sur le drap, que le peuple désigne par l'expression « faire ses paquets », est une action « mécanique » qui se réalise en dehors de la conscience du malade.

On connaît l'anecdote classique du médecin qui, à la suite d'une maladie, parvint jusqu'aux portes de la mort. Sa conscience étant demeurée intacte, il s'appliqua, par curiosité professionnelle, à suivre, instant par instant, les étapes de son agonie, à noter l'affaiblissement de ses facultés sensorielles qui disparurent les unes après les autres, le toucher d'abord, la vue ensuite, puis le goût, puis l'odorat. L'ouïe seule subsistait, comme il est fréquent de le constater, non pas diminuée mais accrue, au point que le moribond, dans son isolement pathologique, s'évertua à identifier tous les bruits. A ce moment, il n'éprouvait aucune sensation désagréable, au contraire. Ce qui restait de sensibilité dans son corps lui donnait une impression de bain moelleux, d'enlisement. A peine, à la fin, survint-il une sensation de froid aux pieds qui, peu à peu, gagna les mollets, puis les genoux, ce qui lui rendit les derniers instants plus désagréables. A ce moment, l'agonisant avait « repéré » tous les incidents sonores de son entourage : allées et venues, bruits de pleurs, de mouchoirs, murmures, portes ouvertes, tiroirs de meuble fermés. Déjà les siens l'estimaient dans le coma et les derniers mots de ses confrères ne laissaient subsister aucun doute.

C'est alors que le mourant observateur fut frappé par un bruit qui allait croissant. C'était une sorte de halètement rauque et rythmique, qui tenait du ronflement d'ivrogne et du souffle de locomotive. Le moribond devait raconter plus tard, après son retour à la santé, que ce bruit ne lui était pas inconnu. Il l'avait entendu déjà maintes fois, peut-être dans d'autres conditions et sans doute sous une autre forme. Il croissait en stridence et en volume jusqu'à remplir l'espace autour de lui. Soudain, un éclair traversa l'esprit du mourant. Il comprit que c'était son propre râle, que son ouïe exacerbée amplifiait démesurément. Il eut à peine le temps d'en être surpris, car il s'endormit dans l'inconscience.

## 6. Apparence et réalité

Presque tous les médecins que nous avons interrogés sont d'accord pour reconnaître que la fin survient sans qu'on s'en aperçoive. **Il est aussi impossible de sentir le passage de la vie à la mort que celui de l'état de veille au sommeil.**

Il est arrivé à tout le monde de guetter l'instant où le corps va s'endormir et où l'esprit va interrompre sa vigie inquiète. Peine perdue ! Le sommeil arrive d'une manière si subtile que nous ne savons jamais à quelle seconde son flux nous a emporté. Il n'y a rien de surprenant à celui puisque nous subissons une véritable anesthésie et que le sommeil abolit notre sensibilité.

La mort survient comme le sommeil à la façon d'un anéantissement physique qui constitue toujours pour le moribond un état euphorique et doux.

Qu'importe si, durant ce temps, le visage est crispé et la défense musculaire convulsive. Le masque de la volupté n'est-il pas aussi tragique et aussi effrayant que le rictus de la mort ?

Quiconque a assisté à l'agonie d'un oiseau dont la tête est plongée dans l'eau se souvient de ses soubresauts, de sa défense désespérée. Il n'y a là cependant qu'une réaction physiologique instinctive, sans participation de la sensibilité. Je n'en veux pour preuve que la simplicité de l'asphyxie par submersion qui, aux dires des noyés rappelés à la vie, ne comporte aucun souvenir désagréable, et de toutes les asphyxies en général qui anesthésient d'emblée les sujets.

Dans le plus grand nombre des morts, soit par maladie, soit par accident ou suicide, le sang se charge d'acide carbonique dont il se débarrasse incomplètement. Il s'ensuit une asphyxie lente, insensible, dont l'action est comparable à celle d'un narcotique et qui emporte l'agonisant sans même qu'il s'en soit aperçu.

Tout le monde connaît le procédé des insomnieux qui ramènent les couvertures sur leur tête et qui, grâce au léger début d'asphyxie provoquée, trouvent malgré eux le sommeil.

Et nous arrivons ici au cœur même de la grande crainte physique. Ceux qui redoutent l'heure ultime ont peur de la suffocation, de l'étouffement.

Louons, au contraire, la bienfaisante asphyxie qui, s'installant par degrés, obnubile nos facultés. L'homme n'est normalement livré à la mort que sous l'anesthésie carbonique. C'est par le cerveau qu'il sombre dans l'inconscient.

## 7. L'imagination et la douleur

On ne manquera pas d'objecter que le passage de la vie dans la mort ne dure qu'un instant et qu'il peut être précédé de longues souffrances.

Cela n'est pas niable, mais, comme nous l'avons dit, la souffrance est aussi pénible lorsqu'elle n'aboutit pas à la mort.

Au surplus, on s'exagère singulièrement les méfaits de la souffrance physique. Les physiologistes conviennent que les souffrances véritablement intolérables se ramènent à quelques cas exceptionnels. Tels sont la névralgie du trijumeau, les douleurs fulgurantes du tabès, les coliques néphrétiques, la pancréatite aiguë, certains spasmes cardiaques. Mais la plupart de ces sortes de souffrances ne sont pas de nature à amener la mort.

La douleur physique consécutive aux traumatismes est presque toujours faible ou nulle. Un soldat mourant d'un éclat d'obus dans le ventre n'a que des coliques banales généralement dépourvues d'acuité.

Nous nous souvenons d'avoir vu, il y a longtemps, un voyageur tomber, en gare de Vierzon, sous un train qui lui trancha les deux cuisses. Durant qu'on l'emportait il souriait et disait aux spectateurs livides : « Ce n'est rien, mes amis, ce n'est rien... » Chez lui, la sensibilité était abolie et il mourut sans avoir compris.

Une des sensations les plus affreuses que puisse éprouver l'être vivant, est celle de l'embarras gastrique, accompagné d'évacuations et de nausées. La révolte de la chair est telle que beaucoup ont coutume de dire : « On ne souffre pas davantage pour mourir. » Cette réflexion est d'autant plus contraire à la réalité que l'indigestion est un trouble d'être bien portant et ne comporte en soi aucune suite. L'agonie est exempte de ces redoutables angoisses de la conscience et de la chair.

Par contre, l'angoisse psychique terrasse la plupart des patients mais non pas dans le moment ni avec l'insistance qu'imagine le commun des hommes. Ce n'est pas à l'heure ni à la veille de mourir que l'esprit du malade se cabre en présence de la « décision ». C'est trois, huit ou quinze jours avant, parfois plus, qu'a lieu le choc entre la chose et l'idée.

Il est hors de doute qu'en dépit des préparations morales cet instant est celui d'un grand débat intérieur. La créature vivante se refuse au spectacle de sa dispersion, par orgueil, par habitude et par crainte. Puis elle compose avec l'inévitable et s'achemine vers son destin.

Quand arrive le jour de la mort, l'horreur première s'est dissipée. Par une sorte d'action invisible, les ligaments du corps et de l'âme se sont détendus. La résignation de tant de mourants n'est pas seulement morale, elle est également physique. A l'approche de l'échéance, les rébellions s'affaiblissent.

Car, plus encore que la vie, la mort est un consentement.

*
* *

CHAPITRE II

# La peur de la mort

## 1. La plainte lyrique de Maeterlinck

D'autres avant nous, et parmi les plus illustres, se sont fait l'écho de l'ultime désarroi de la créature humaine. On doit notamment à Maeterlinck des pages évocatrices de ce débat pathétique et qui constituent l'expression la plus lyrique de l'anxiété de mort (1) :

« Il n'y a pour nous dans notre vie et dans notre univers qu'un événement qui compte, c'est notre mort. Elle est le point où se réunit et conspire contre notre bonheur tout ce qui échappe à notre vigilance. Plus nos pensées s'évertuent à s'en écarter, plus elles se resserrent autour d'elle. PLUS NOUS LA REDOUTONS, PLUS ELLE EST REDOUTABLE. CAR ELLE NE SE NOURRIT QUE DE NOS CRAINTES. Qui cherche à l'oublier en comble sa mémoire, qui tente de la fuir ne rencontre plus qu'elle. Elle offusque tout de son ombre. Mais si nous y pensons sans cesse, c'est à notre insu et sans apprendre à la connaître. Nous contraignons notre attention à lui tourner le dos, au lieu d'aller à elle visage levé. Nous épuisons à en éloigner notre volonté toutes les forces qui pourraient l'affronter. Nous la livrons aux mains obscures de l'instinct et ne lui accordons pas une heure de notre intelligence. Est-il étonnant que l'idée de la mort qui devrait être la plus parfaite et la plus lumineuse de

1. *La Mort*, par Maurice Maeterlinck (Éditions Fayard).

nos idées, étant la plus assidue et la plus inévitable de toutes, en demeure la plus infirme et la plus arriérée ?

« ... Apprenons donc à la regarder (la mort) telle qu'elle est en soi, c'est-à-dire dégagée des horreurs de la matière et dépouillée des terreurs de l'imagination. Chassons d'abord tout ce qui la précède et qui n'est pas à elle. Nous lui imputons ainsi les tortures de la dernière maladie ; et ce n'est pas juste. Les maladies n'ont rien de commun avec ce qui les termine. Elles appartiennent à la vie et non point à la mort. Nous oublions facilement les plus cruelles souffrances qui nous rendent à la santé, et le premier soleil de la convalescence efface les plus insupportables souvenirs de la chambre d'amertume. Mais que vienne la mort, à l'instant on l'accable de tout le mal fait avant elle. Pas une larme qui ne soit retrouvée et qu'on ne lui reproche, pas un cri de douleur qui ne devienne un cri d'accusation. Elle porte seule le poids des erreurs de la nature ou de l'ignorance de la science qui ont inutilement prolongé des supplices au nom desquels on la maudit parce qu'elle y met un terme... »

« ... En effet, si les maladies appartiennent à la nature ou à la vie, l'agonie, qui semble propre à la mort, est tout entière aux mains des hommes. Or, ce que nous redoutons le plus, c'est l'abominable lutte de la fin, et surtout la suprême, la terrible seconde de rupture que nous verrons peut-être s'avancer de longues heures impuissantes, et qui tout d'un coup nous précipitera, nus, désarmés, abandonnés de tous et dépouillés de tout, dans un inconnu qui est le lieu des seules épouvantes invincibles qu'ait jamais éprouvées l'âme humaine.

« Il y a double injustice à imputer à la mort les supplices de cette seconde. Occupons-nous ici du dernier combat. A mesure que progresse la science, se prolonge l'agonie qui est le moment le plus affreux, tout au moins pour ceux qui y assistent (car souvent la sensibilité de celui qui est " aux abois de la mort ", selon l'expression de Bossuet, déjà très émoussée, ne perçoit plus que la rumeur lointaine des souffrances qu'elle paraît endurer), le sommet le plus aigu de la douleur et de l'horreur humaines. »

On verra ce qu'il faut penser de cette crainte des philosophes et surtout, dans l'acte le plus instinctif et le moins intelligent de la vie, s'il y a lieu de substituer l'intelligence à l'instinct.

## 2. Le grand vide des philosophies

La plupart des sages, ou prétendus tels, de l'Antiquité et des Temps modernes ont essayé de juguler leur peur par des considérations dont la valeur pratique est encore à démontrer.

Quand Lucrèce dit de la vie que « nul n'en a la propriété, tous n'en ont que l'usufruit », il ne fait que nous présenter une image ingénieuse, car la cessation de l'usufruit, sous quelque forme qu'elle survienne, répugne à l'usufruitier.

Lorsque Sénèque, Cicéron ou Platon déclarent qu'il faut voir venir la mort non seulement avec courage mais avec amour, ils n'émettent qu'une exhortation, généralement peu suivie et se bornent à affirmer.

Parmi les Modernes, les phrases pompeuses mais inefficaces ne manquent pas non plus, qui tendraient à raisonner la crainte de la mort et à la transformer en stoïcisme ou en indifférence.

Par malheur, le stoïcisme n'est pas monnaie courante et l'indifférence n'est de règle que pour les petits événements. Or, que l'homme le désire ou non, la mort est la préoccupation profonde de sa vie et bien peu d'entre nous échappent à cette incessante confrontation.

« La mort, écrit Schopenhauer, est, en réalité, le but propre de la vie : c'est l'heure où s'accomplit ce dont la vie n'était que la préparation et le prélude. Elle est le résultat, le résumé de la vie, une addition effectuée qui donne en bloc l'enseignement que la vie ne donne que morcelé et au jour le jour. »

Là encore, le philosophe n'enlève rien à notre appréhension. En dépit de sa métamorphose arithmétique, personne ne se soucie d'être le comptable de la suprême addition.

Robert W. Mac Kenna, dans *L'Aventure de mourir*, dit : « Il faut admettre que la peur de la mort est très répandue parmi les hommes : mais ce n'est pas un instinct à racines très profondes, car autrement on ne le surmonterait pas aussi aisément. C'est la plus faible des peurs. Elle cède devant de nombreuses émotions ou impulsions soudaines, telles que l'amour, l'excitation du combat, l'appel du devoir, le dévouement religieux et l'instinct maternel. »

## 3. L'homme naturel ne redoute pas la mort

Mais en dehors des cas, somme toute exceptionnels, où il est incité par un élan intérieur puissant à faire bon marché de sa vie, l'homme normal est-il en proie à un éréthisme spécial au dernier moment ?

L'idée de la mort à chaud ne produit pas les mêmes réactions que l'idée de la mort à froid et c'est plus spécialement celle-ci qui mérite d'être envisagée, bien qu'il soit permis de se demander s'il y a un seul mourant de sang-froid.

Les observations effectuées sur des mourants, à de rares exceptions près (et nous montrerons au chapitre du renoncement que ces exceptions demeurent dans notre ligne), permettent de constater que la peur de la mort s'abolit le plus souvent en présence de la mort.

Le même Robert-W. Mac Kenna, qui s'est trouvé au chevet d'agonisants de toutes classes et de tout âge, s'exprime ainsi : « Je le déclare, avec un sentiment net de l'importance de mes propos : d'après mon expérience, à quelque degré que l'homme et la femme puissent, dans la pleine vigueur de la santé, craindre la mort, quand l'heure approche, la peur est presque invariablement changée en tranquillité et ils font face à leur fin avec calme et sérénité d'esprit. »

Les médecins latins n'ont pas, en général, la curiosité de l'inhabituel qui est propre aux races anglo-saxonnes. Aussi faut-il reconnaître qu'ils ont peu de notions sur l'instant physique de la mort. Ceux à qui nous avons posé la question ont presque toujours été déconcertés par l'objet de notre enquête et leur première réaction a été de gêne et d'étonnement. Poussés dans leurs derniers retranchements, ils se sont, pour la plupart, avérés incurieux du phénomène et, voyant mourir chaque jour, ignorants du mécanisme sentimental de la mort. Ceux des rares praticiens qui ont eu la curiosité de s'attarder, autrement que du point de vue médical, sur les minutes ultimes de l'existence, l'ont fait, au contraire, avec une pertinence aiguë, comme par exemple le docteur Voivenel.

Le témoignage de ce dernier pour des mentalités françaises a une portée considérable : « Je dois conclure, dit-il, que dans toutes les maladies, à tous les âges, les derniers moments sont moins redoutables qu'on ne croit. A la fin d'une maladie, il y a épuisement et anesthésie. La souffrance est encore un signe de lutte indécise. Dans les affections chroniques, on meurt peu à peu par " floculation " progressive et, au point de vue psychique, l'illusion est quasi de règle. »

Par contre, l'instant physique de la mort a suscité l'intérêt des membres les plus éminents du corps médical anglais.

## 4. La mort ressemble à la naissance

Le docteur William Osler n'a pas craint de faire une enquête spéciale dans les hôpitaux et cliniques : « J'ai, racontait-il, soigneusement pris des notes au chevet de cinq cents mourants en étudiant spécialement leurs sensations et les modalités de la mort... La grande majorité ne manifeste rien d'aucune façon. La mort est pour eux comme la naissance : un sommeil et un oubli. »

Même assertion de la part du docteur Goodhart qui, durant son temps d'internat à Guy's Hospital, s'était livré à des recherches analogues : « Je ne me lasse pas de le répéter, parce que c'est véritable et réconfortant, *quoique opposé à la croyance commune*, la mort n'a rien d'effrayant pour le malade. *Le voile entre les deux mondes n'est qu'un nuage qu'on traverse sans même s'en apercevoir.* »

L'assimilation du mécanisme de la mort à celui de la naissance a frappé déjà beaucoup d'esprits pour qui ce problème n'est pas seulement matériel. Nous laisserons donc de côté ce sujet, qui est en dehors de notre objet actuel, et nous soulignerons seulement ce parallélisme des deux énigmes : le départ dans la mort et le départ dans la vie sont, non pas deux états inconscients, mais deux états de l'inconscient.

William Gull disait à un moribond : « *Rassurez-vous. Vous n'en saurez rien...* Mourir vous sera aussi facile que de naître. »

Et William Hunter allait plus loin puisque à l'heure de son agonie il disait : « Si j'avais la force d'écrire j'expliquerais à quel point *il est agréable et aisé de mourir.* »

## 5. La hantise de certains

La peur de la mort a pourtant hanté nombre de grands esprits. Épictète disait déjà : « Notre opinion sur la mort, qui nous la fait considérer comme terrible, c'est cela qui est terrible. »

Nombre d'hommes célèbres et notamment d'écrivains ont été hantés par la peur de la mort. Citons seulement parmi eux Maurice Barrès et son « inquiétude », Pierre Loti dont l'idée de la mort empoisonna toute la vie, Henri Duvernois et tant d'autres, au premier rang desquels le grand romancier J.-H. Rosny aîné. « Pour mon compte, avouait ce dernier, depuis bien des années la mort pourrit toute joie. »

Mais ne nous trompons pas : dans la détresse morale de J.-H. Rosny il y a sans doute tout le débat affectif et sentimental.

En résumé, c'est beaucoup de littérature pour rien et nous croyons que le mot de la fin pourrait être celui de l'écrivain philosophe Butler qui définissait la mort de la manière suivante : « Une affaire où l'on a plus de peur que de mal. »

CHAPITRE III

# Les apparences de la mort

## 1. Le spectacle de l'agonie

Si la mort était seulement un thème philosophique il n'y aurait pas de crainte physique de la mort. Or, cette crainte ne peut pas être sans fondement et nous devons en rechercher les racines. Qu'aperçoit-on de redoutable dans les phénomènes de la mort ?

Indépendamment de l'impression conformiste qui résulte de la littérature et de la tradition, des témoignages écrits ou oraux et de l'observation médicale, **la peur physique de la mort est due au spectacle des agonisants.**

Si jamais personne n'avait vu mourir en utilisant *pour voir* le concours de son intelligence, personne n'aurait la mémoire et, par conséquent, la frayeur des derniers instants.

L'animal se cache pour mourir et se retire en un coin hors de la lumière, sauf, peut-être, certains animaux domestiques, à qui le voisinage de l'homme a injecté le virus sentimental. L'animal qui en voit mourir un autre s'écarte de son congénère par un instinct de gêne et d'effroi. Mais comme il ne se remémore pas cette gêne par la suite ou comme sa mémoire est rudimentaire et confuse, il ne conserve pas en lui le trouble de l'être déductif.

Qu'est donc exactement le moment de l'agonie ou, du moins, quelles en sont les apparences ? Et pourquoi celles-ci sont-elles effrayantes en général pour les tiers ?

## 2. La difficulté de penser contre l'apparence

D'abord à cause de la souffrance qu'on croit deviner, de l'angoisse qu'on présume, des réflexes de toutes sortes, des contractions et des rictus observés.

Le terme même d'*agonie* implique une lutte et il y a bien lutte en vérité mais d'ordre purement cellulaire, avec l'orchestration extérieure la plus pathétique et la mieux faite pour bouleverser les témoins.

La durée de cette lutte varie à l'infini et, suivant la nature du mal ou l'organisation du malade, peut se prolonger des jours et des nuits entières ou se limiter à un bref instant. Parfois même, à la fin de certaines maladies ou couronnant la sénilité, la mort se produit toute seule, sans agonie et sans lutte, comme si l'Allégorie Vitale se retirait sur la pointe des pieds.

Dans les cas habituels, le visage pâlit, les ailes du nez se pincent, le regard devient trouble et terne ; le pouls faiblit, la respiration se modifie ; souvent le râle apparaît.

Dans d'autres circonstances plus dramatiques, le masque de l'agonisant se durcit, ses mains ratissent le drap, la plupart des traits se contractent comme si, durement, laborieusement, le mourant enfantait la mort.

Une agonie bien ordonnée constitue à n'en pas douter un élément spectaculaire de premier ordre. Celui ou celle qui y assiste pour la première fois en conserve à jamais le témoignage dans son esprit.

Or là, comme dans la plupart des phénomènes vitaux, nous sommes le jouet des illusions et des apparences. Nous nous bornons à imaginer ce que l'agonisant *doit ressentir* au lieu de nous évertuer à connaître ce que l'agonisant *ressent* en réalité.

Une fois de plus, et précisément dans l'instant où, chez le mourant, les facultés sensorielles s'obnubilent ou s'amoindrissent, nous nous en rapportons du soin de juger aux témoignages de nos propres sens.

Qu'y a-t-il cependant de commun entre le jugement ou les perceptions d'un homme en bonne santé et le jugement et les perceptions de l'homme que va quitter la vie ? Car, contrairement encore à l'opinion admise, ce n'est pas l'homme qui sort de la vie mais la vie qui sort de son corps.

Nous prêtons à l'agonisant nos réactions et notre imagination d'homme normal et lucide et, rapprochant son équilibre intérieur hypothétique du déséquilibre apparent qui, lui, est certain, nous en concluons que la sensibilité du mourant se trouve en porte à faux et pâtit de cet état arythmique.

Cela qui échappe précisément à notre raison et à notre logique nous l'analysons avec notre intelligence matérielle, celle qui meurt avec le cerveau.

Là encore, nous voyons combien l'esprit humain, enfermé dans la cage de ses impressions sensorielles, est incapable de *penser contre les apparences.*

Si l'homme savait penser contre l'apparence (et certains, bien rares, en sont capables), il serait le maître des grandes forces de l'univers.

Comme il ne suffit pas d'une affirmation, nous apporterons aussi des preuves.

Il existe des processus physiologiques plus effrayants à contempler, en général, que le spectacle de la mort elle-même, telle, par exemple, la crise épileptique, le vulgaire accès du haut-mal.

Brusquement, sur un cri rauque, inhumain, sorte d'aboi suprême de la créature qui se sent en proie aux mauvais anges, l'épileptique devient livide et s'abat sans connaissance sur le sol. Mais les forces qui l'ont terrassé ne s'en tiennent pas là. Presque aussitôt la vraie agonie épileptique commence. Les muscles se nouent, les membres se tordent, la face se contracte comme celle d'un supplicié. L'écume enfin monte aux lèvres, les yeux se révulsent et les prunelles disparaissent tandis que des spasmes identiques vident le corps de ses excréments et de ses urines en ouvrant tout grands les sphincters. Puis l'accès prend fin par une prostration analogue au coma. Et la Conscience reparaît, colombe effarée après l'orage. Le malheureux « torturé » contemple avec étonnement son entourage. *Jamais, en aucun cas, il ne conserve le moindre souvenir de ce qui s'est passé.*

Il en est de même de l'éclampsie, cette crise mystérieuse des albuminuriques en couches, qui saisit parfois les patientes en plein travail d'accouchement.

Le rictus de certaines éclampsiques est un des plus affreux qui se puissent contempler et nombre de médecins, malgré leur endurcissement professionnel, en supportent difficilement la vue. Tout ce que le corps humain peut refléter d'angoisse y est indiciblement peint. Or, il est arrivé que, l'accès fini, quand les assistants, gorge nouée, étaient encore imprégnés de l'horreur du drame physiologique, la martyre, interrogée à voix basse, ait répondu : « Je viens de faire un bon petit somme », ce qui, on en conviendra, en dit long.

## 3. Dormeur et agonisant

Nous aurons l'occasion bientôt de nous appesantir, au cours des chapitres qui vont suivre, sur les sensations éprouvées dans tous les genres de morts. Nous nous bornerons, pour l'instant, aux deux exemples typiques que nous venons de citer, qui sont constamment et médicalement vérifiables et nous apprennent à ne pas juger les états d'âme extérieurs à nous-mêmes avec le mètre faux de notre propre sensibilité.

Si nous en venons au coma, qui précède souvent ou accompagne l'agonie, nous voyons qu'il est constitué par un sommeil lourd et épais. Tantôt ce sommeil est un accablement presque total, comme celui d'un homme ivre, tantôt il est traversé par des manifestations de délire et d'agitation. La première forme est celle du sommeil avec rêves heureux ou du sommeil sans rêves. La seconde est celle du sommeil avec cauchemars, apanage aussi des bien-portants. Dans un cas, la conscience a disparu, tout au moins aux yeux de ceux qui regardent ; dans l'autre, il y a perception confuse et des réveils de temps en temps.

Beaucoup de spectateurs de la mort sont émus par ce qu'ils croient être des plaintes. Tout le monde a entendu des enfants se plaindre dans le cours de leur sommeil. Si on les réveille et les interroge, ils n'accusent aucun mal et combien de fois, dans un moment de souffrance et de fièvre assez banales, ne nous est-il pas arrivé de nous plaindre nous-mêmes, sans avoir éprouvé de tourments !

L'effroi inspiré par la vue d'une agonie ne serait-il pas une simple manifestation d'égoïsme ? Machinalement, et sans que l'esprit arrive à le formuler, le spectateur imagine les circonstances de sa propre mort et « se met à la place » de l'agonisant. Sans même s'en apercevoir, il s'apitoie sur son propre compte et souffre à l'avance psychologiquement et par procuration. De là son aptitude à juger des réactions de l'homme mourant par ses propres réactions d'homme en état d'équilibre physiologique. De là, aussi, l'infirmité de sa compréhension du phénomène et de sa faculté de déduction.

La manifestation la plus pénible pour les nerfs des assistants est peut-être le râle, qu'on répugne généralement à entendre. Le râle n'est cependant pas une plainte mais une forme spéciale de respiration. Il est dû soit à une paralysie du voile du palais, soit à une rétraction de la langue, soit encore à la présence de mucosités dans les bronches ou l'arrière-nez. Quelle qu'en soit l'origine, il se rapproche beaucoup des ronflements de certains dormeurs et il suffit presque toujours pour le faire cesser de changer la position du malade.

R.-W. Mac Kenna, déjà cité plus haut, en a fait souvent la constatation :

« L'agonie n'est que le dernier conflit entre les forces de vie et la puissance qui les éteint. C'est la dernière vacillation de la bougie. Il est vraisemblable que le mourant est presque toujours inconscient des phases ultimes de sa maladie, et que le râle, si pénible pour le témoin, et les spasmes convulsifs qu'on observe dans certains cas n'indiquent aucunement une souffrance chez le moribond. Qui n'a vu des dormeurs en bonne santé, étendus sur le dos dans un sommeil profond, respirant péniblement, de manière stertoreuse, et offrant toutes les apparences d'une détresse profonde. Ils ont l'air d'être en proie à une asphyxie lente. La langue s'est affaissée en arrière, obstruant l'entrée des poumons, et la respiration ne se fait qu'avec la plus grande difficulté. Mais si l'on change le dormeur de position et si on lui ramène la langue en avant, la respiration s'améliore aussitôt et si l'on réveille le dormeur en lui demandant s'il se souvient d'avoir éprouvé de l'anxiété pendant son sommeil, il répond toujours : non. J'ai vu des dormeurs en parfaite santé qui paraissaient souffrir plus que des agonisants et qui, pourtant, n'en avaient pas la moindre idée. »

## 4. Au seuil de la mort

On trouve à ce propos, une bien curieuse observation rapportée dans le *Times* du 26 février 1914. Le correspondant du grand journal anglais se trouvant atteint de la typhoïde au Mexique fut considéré comme perdu par ses compagnons. Aux approches de ce qu'ils considéraient comme sa fin, ces rudes hommes le tirèrent brusquement de sa léthargie pour lui demander s'il avait une dernière recommandation à faire à sa famille : « Mes souvenirs, dit le rescapé, demeurent un peu vagues. Pourtant, j'ai l'impression d'avoir répondu à la question *comme si mon interlocuteur et moi parlions d'un autre personnage auquel, pour ma part, je ne portais qu'un faible intérêt.* Je ne souffrais pas, j'étais sans anxiété, et cependant, par la suite, j'appris que je m'étais démené en criant et en donnant les signes d'une douleur intolérable. Aussi désormais, l'idée de la mort me laisse bien tranquille et j'estime qu'on souffre bien plus pour se faire arracher une dent. »

Plus extraordinaire peut-être et, en tout cas, plus proche de nous, s'offre le témoignage de l'essayiste Charles Derennes, dans son livre *Émile et les autres* :

« J'en parle par expérience personnelle, n'ayant peut-être jamais éprouvé plus de bien-être que lorsque je manquai de mourir, voici trois ans. Je n'ignorais rien de la gravité de ma grippe compliquée de congestion pulmonaire et d'urémie. Un prêtre était venu ; je savais pourquoi.

« On m'a dit, depuis, que j'avais souffert beaucoup, et je n'ai gardé pourtant aucun souvenir de souffrance, bien qu'en ayant manifesté les signes extérieurs pour tant de sollicitudes attentives et empressées à mon chevet. On m'a conté que je grattais mon drap et tâchais de le ramener sur ma face comme on le fait quand il s'agit de s'accoutumer au linceul, mais aucune de mes facultés de sentir ou de comprendre n'était amoindrie ; je jouissais au contraire d'un repos actif et conscient, si je puis dire, et absolument pareil à ceux dont on se délecte lorsqu'on a quinze ans et qu'on se laisse, quelque splendide jour d'été, flotter en faisant la planche au gré de sa rivière natale... Je me baignais dans le Lot, j'avais quinze ans. C'était pour toujours que je me baignais... Nos souffrances physiques en pareil cas n'existent probablement plus que pour les autres, et, tout en gardant d'elles, dans nos attitudes et nos gestes, les expressions et les traductions ordinaires, nous nous en sommes déjà débarrassés, comme d'une vêture inutile... »

Parmi les relations reproduites en 1914 par le *Times*, on peut citer également celle du professeur Cook-Wilson, qui, témoin de l'agonie terrible de son père, succombant à une asystolie, objurguait les médecins de mettre fin aux souffrances aiguës que semblait endurer le patient. Bien qu'on lui assurât que le malade était inconscient de ses crises respiratoires, le professeur Cook-Wilson refusa d'y ajouter foi, d'autant plus que cette pénible agonie se prolongea durant plusieurs heures. A la fin, le moribond se calma, ouvrit les yeux et la bouche et déclara qu'il avait passé une excellente nuit.

M. le docteur Icard, dans son livre *le Signe de la Mort réelle* (1), a reproduit tout au long les déclarations d'un ancien missionnaire, M. l'abbé Laplace, qui était encore en 1907 vicaire à la paroisse Saint-Martin de Marseille et qui alla si loin dans la mort qu'il faillit être enterré vivant :

« Voici ce dont je me souviens, écrit l'abbé Laplace. Le 29 mai 1887, après deux journées d'excessive fatigue, à onze heures, tandis que je chantais une grand-messe — c'était fête de Pentecôte et clôture du mois de Marie — je fus saisi de violentes douleurs de tête et d'entrailles. Je persistai à supporter ces douleurs jusqu'au soir, sept heures. Je me mis au lit, mais je ne tardai pas à être obligé d'appeler en aide mes confrères, dont l'un, un prêtre indigène, le R.P. Ratmayaka, était *très expérimenté en médecine*... A partir de cet instant, je fus, *paraît-il*, entre la vie et la

1. A. Maloine, éditeur.

mort, *mais dans un état de surexcitation tel qu'il fallait être constamment à mon chevet pour me maintenir* (2). Le 31 mai, vers les quatre heures, le fort de la crise de typhus ayant passé, je tombai dans un état syncopal si prononcé que l'on me crut mort. Or, voici ce que j'affirme avoir entendu dans cet état : un de mes confrères, le R.P. Ratmayaka, se mit au pied de mon lit, et j'entendis distinctement les paroles de *De profundis* jusqu'au bout. S'étant relevé, il causa avec un autre confrère qui était dans ma chambre, le R.P. Melga, et tous deux agitèrent la question de l'enterrement. Il fut dit, entre autres choses, ceci : " Reste à savoir si le gouvernement nous le laissera enterrer dans l'église... " Dans la nuit du 31 mai au 1er juin, revenant à moi, ma première parole fut de dire à ceux qui m'entouraient que l'on aurait pu attendre que je fusse mort avant de vouloir m'enterrer, et je redis textuellement ce que j'avais entendu. Naturellement, on me nia le fait sur le moment, mais, dans la suite, lorsque je fus complètement rétabli, le R.P. M... reconnut l'exactitude de tout ce que j'avais dit et confessa qu'on m'avait cru réellement mort. »

Voici, au surplus, l'opinion de M. H. de Varigny, qui, dans *La Mort et le Sentiment* (3), est probablement celui qui a réuni le plus grand nombre d'observations de toutes sortes sur les instants qui précèdent et entourent la mort :

« Sans doute, l'agonie ne semble pas toujours facile ; il y a des mouvements, de l'agitation, des gémissements que l'on est enclin à attribuer à des sensations douloureuses. Ne nous laissons toutefois pas trop impressionner par ces signes extérieurs. Ils n'ont pas toute la signification qu'ils auraient chez une personne en pleine santé ou au début d'une maladie ; ils sont surtout inconscients, automatiques, réflexes, et la sensibilité n'est point autant en jeu qu'il le semblerait. Il n'est pas nécessaire qu'une excitation soit perçue et engendre une sensation pour produire des effets réflexes. »

---

2. L'intéressé était donc absolument inconscient de ce qui se passait et des circonstances d'un débat physiologique angoissant seulement pour son entourage.

3. Librairie Alcan.

Il nous a semblé que nul exemple ne serait mieux choisi pour permettre aux lecteurs de distinguer la réalité de l'apparence que celui d'une mort réputée affreuse et désormais bien connue, celle de l'auteur des *Scènes de la Vie de Bohême*, Henri Murger.

Or, tout ce drame des apparences de la mort s'éclaire singulièrement si on extrait du *Journal des Goncourt* cette simple note :

« Janvier 1861 : Murger est mourant... d'une mort de l'Écriture, d'un châtiment divin contre la bohême... de l'homme ne se plaignant que de l'odeur de viande pourrie dans sa chambre — et qui est la sienne ! »

Ainsi, comme le médecin écoutant sans le reconnaître son propre râle, Murger était incommodé par l'odeur de sa gangrène, *mais ne savait pas qu'elle venait de lui*.

CHAPITRE IV

# Thèse de la mort douce

## 1. La mort est toujours simple et aisée

Nous en avons assez dit pour qu'on aperçoive notre dessein, qui est d'établir que la mort est *toujours* simple et aisée et même que, dans certains cas, il y a une véritable volupté dans l'acte de mourir.

Nous n'y voyons qu'une exception, c'est lorsque la mort est provoquée par le geste de la créature elle-même, parce que, dans le suicide, l'ordre naturel du phénomène se trouve bouleversé.

La mort est un déroulement harmonieux tant qu'il est seulement instinctif. Ce déroulement est troublé dès que l'intelligence prétend l'ordonner et lui assigner des phases arbitraires. C'est exactement comme si, dans une machine bien réglée, intervenait l'action d'un tiers maladroit. Si l'intrusion est suffisamment énergique, toute la machine se disloque et ne peut plus être utilisée. Encore cette comparaison est-elle grossière puisqu'elle ne tient pas compte du jeu subtil des vibrations.

L'animal ne se suicide jamais et tous les cas de morts d'animaux à apparence de suicide sont le fruit de coïncidences ou ne reposent que sur des fables. *La Mort du scorpion*, d'Alfred de Vigny, est un simple effet littéraire puisque le scorpion est immunisé contre son propre venin.

Aussi la mort des animaux, surtout sauvages, est-elle d'une simplicité admirable, même à la suite de traumatismes et alors que les apparences ne s'accordent pas avec la réalité.

C'est précisément en dépit des apparences qu'il faut juger des sensations véritables de l'animal et du comportement intérieur de l'homme.

En effet, quelle que soit la cause de la mort, **il n'y a jamais de souffrance physique dans l'acte même de la mort.**

Et cette immunité s'étend aux moments qui précèdent la mort. Quand le moribond donnerait aux autres le spectacle le plus affreux et multiplierait les signes extérieurs du dernier combat pour l'existence, nous ne devons considérer ces signes que comme des manifestations mécaniques auxquelles la conscience du mourant n'a point de part.

Si même le mourant s'en aperçoit partiellement, ce débat physiologique lui apparaît comme extérieur à lui-même et le laisse indifférent.

**Tout individu aux portes de la mort n'a plus que des perceptions amorties.** Il flotte souvent dans un état de demi-conscience où les impressions mentales sont celles du rêve et les impressions physiques celles du sommeil.

Il existe, chez nombre de gens, une crainte des instants de la mort qui domine, en général, toutes les autres : c'est la peur de l'asphyxie et de l'étouffement.

Cette préoccupation n'est pas uniquement celle des candidats à la mort, qui en saturent d'avance leur être d'amertume, elle est aussi et surtout celle de leur entourage qui s'écarte du lit, redresse le blessé ou le malade et s'efforce de lui procurer l'air qui semble lui faire défaut.

Bienheureuse asphyxie, au contraire, et qu'on ne devrait jamais entraver, par quoi la fin arrive dans une narcose idéale, à condition toutefois que nul n'intervienne dans le processus final de la mort.

## 2. Du rythme de vie au rythme de mort

Nous n'avons pas qualité pour juger le phénomène de la mort d'après le phénomène de la vie. Les deux états sont différents de toute manière et se succèdent avec un ordre parfait.

La mort et la vie n'ont que faire de nos conventions philosophiques ou médicales. Elles sont et se déroulent suivant d'immuables lois.

Il y a un rythme de la mort, comme il y a un rythme de la vie. Le passage d'un rythme à l'autre ne se fait pas sans accommodation. Les coureurs, alpinistes, boxeurs, etc., au début de leur action, cherchent pendant un temps plus ou moins long à trouver leur *deuxième* souffle, c'est-à-dire une autre cadence plus accélérée, donc mieux adaptée, de leur cœur ou de leurs poumons.

L'automobile elle-même change de rythme suivant la nature de l'effort. On n'y passe en prise qu'après le démarrage en première, puis la reprise en seconde.

La mort a son rythme à elle, dont on ne sait encore s'il est de « l'accéléré » ou du « ralenti ».

## 3. L'inhibition psychique du mourant

**La mort est douce dans tous les cas**, non seulement quand elle constitue l'aboutissement de la sénilité et de l'usure générale, ou quand elle termine la maladie, mais encore lorsqu'elle est due à la violence et provient soit de traumatisme, soit d'accident.

Dans tous les cas, et surtout les plus dramatiques, il se produit une sorte d'inhibition partielle, qui, laissant à la victime (quand le cerveau est intact) sa faculté de représentation mentale, lui retire toute perception de la douleur.

Dans les mystères de la sécrétion endocrinienne, il suffit d'un millionième de gouttelette mis en circulation dans le sang pour que soit interrompu d'un seul coup le fonctionnement de certains viscères et pour qu'une télégraphie des centres ferme instantanément les cloisons étanches et fasse jouer d'une manière foudroyante les dispositifs organiques de sécurité.

Tout a été merveilleusement combiné pour l'harmonie idéale. La proie destinée au fauve est littéralement anesthésiée par ses propres sécrétions. Il n'y a pas davantage de douleur et d'angoisse chez l'oiseau ou la grenouille fascinés, puis déglutis par le reptile qu'il n'y en avait chez le martyr jeté aux fauves ou qu'il n'y en a chez l'ascensionniste avalé par le glacier.

Les apparences mentent sans cesse ou plutôt nous ne savons pas traduire les apparences. L'observation humaine, surtout technique, est superficielle et s'arrête à l'extérieur du fait observé.

Un positivisme systématique et outrancier nous a privés du don de regarder le dedans des choses et de la faculté de voir non seulement en deçà mais au-delà.

## 4. Les Anciens et la mort « suave »

La thèse de la mort douce a séduit certains esprits depuis la plus haute Antiquité, mais elle heurtait trop d'opinions traditionnelles. Cicéron et Sénèque l'ont entrevue. Plampius disait : « La séparation de l'âme d'avec le corps s'accomplit sans douleur, la plupart du temps sans qu'on s'en aperçoive et même avec volupté. »

Les races primitives n'ont pas été sans s'apercevoir de cette détente *in extremis* et l'on connaît depuis longtemps le « mieux de la mort » dans les tribus sénégaliennes.

Les Anciens, comme Cicéron dans les *Tusculanes*, ont eu la perception de la douceur de la mort. Diogène disait : « On ne la sent pas venir ! » Platon la déclarait « semblable au sommeil ».

Déjà Montaigne avait écrit : « ... nous devons entrer dans le domaine de la mort avec la même facilité que nous entrons dans la vie. Peut-être même l'entrée dans la vie est-elle plus laborieuse que l'entrée dans la mort. »

Dans le premier cas, l'intelligence n'y est évidemment pour rien ; dans le second cas, elle nous escorte le plus longtemps possible, jusqu'au moment où, libérés de leurs attaches traditionnelles, les hommes, petits enfants devant la vie, se retrouvent petits enfants devant la mort.

## 5. Quelques Modernes

M. de Varigny a dit : « C'est un fait d'observation relativement commune que la mort non violente est généralement exempte de douleur ou à peu près telle. » Il n'a pas osé aller jusqu'à l'affirmation complète de peur d'éveiller certaines susceptibilités contemporaines. Mais en lui-même, et en dépit des restrictions prudentes dont il s'entoure, sa conviction devait être faite depuis longtemps.

Nul, toutefois, autant que le poète italien Leopardi n'entrevit cette *dolcezza de morire* qui fut sans doute longtemps le propre de l'homme et que celui-ci perdit peu à peu avec l'adamique simplicité.

La *Petite Œuvre morale*, traduite par Mme Mireille Germinet, a inspiré à Gabriel Germinet et à Huguette Dubois une adaptation radiophonique fort curieuse : *Ruysch et ses momies*, diffusée en 1935 par la tour Eiffel.

Cette conception est exactement la nôtre sous une forme artificielle. Nous en donnons ci-après le thème principal.

« RUYSCH. — Dites-moi brièvement quel fut l'état de votre corps et celui de votre âme au moment de la mort ?

1er MORT. — Moi je ne me suis pas aperçu de l'instant de ma mort.

LES AUTRES MORTS *(ensemble).* — Moi non plus.

RUYSCH. — Je ne comprends pas. Comment cela peut-il se faire ?

3e MORT. — Voyons... T'aperçois-tu du moment où ton sommeil commence ? Tu t'endors sans t'en apercevoir, quelle que soit l'attention que tu consacres à guetter le moment du départ vers le sommeil. Le départ vers la mort est exactement aussi inconscient.

RUYSCH. — Vraiment vous n'avez éprouvé aucune douleur au moment de mourir ?

4e MORT. — Comment veux-tu qu'une chose soit douloureuse si celui qui l'éprouve ne l'aperçoit pas ?

RUYSCH. — De toute façon, tout le monde est persuadé que le sentiment de la mort est une sensation très douloureuse.

1er MORT. — Tu parles aussi légèrement que tous les autres vivants. La mort n'est pas un sentiment, c'est au contraire la privation du sentiment.

RUYSCH. — Pourtant, la mort est, de par sa nature même,

une sensation très douloureuse, de beaucoup la plus douloureuse des sensations.

3ᵉ MORT. — Eh bien ! pose la question suivante aux Épicuriens et aux autres : l'homme qui n'a pas la faculté de s'apercevoir du moment où s'interrompent ses fonctions vitales, cette interruption pouvant être provoquée par la léthargie, par la syncope ou par toute autre cause, cet homme-là peut-il percevoir la mort à l'instant où ces mêmes fonctions s'arrêtent, non pour un temps court, mais pour l'éternité ? De plus, est-il possible qu'un sentiment vital se révèle dans la mort ? Une telle idée n'est-elle pas absurde ? N'implique-t-elle pas une contradiction dans les termes ? En effet, quand la faculté de sentir est, non seulement diminuée, mais encore raréfiée, lorsqu'elle est réduite à une expression tellement minime qu'elle vient finalement à manquer, et qu'elle s'anéantit, croyez-vous qu'un être soit capable d'un sentiment fort ? Car je suppose que vous n'êtes pas assez fous pour admettre que cet affaiblissement de la faculté de sentir est un sentiment fort. Regardez même ceux qui meurent de maux aigus et douloureux. Dès l'approche de la mort, avant de s'éteindre, ils se calment, ils se reposent. On s'aperçoit ainsi que leur vie se réduit peu à peu, et qu'elle ne suffit même plus à la souffrance. De telle sorte que celle-ci cesse bien avant celle-là. Quand le médecin dit : « Il a cessé de vivre », traduisez : « Il y a longtemps qu'il a cessé de souffrir. » Répète ces propos de ma part à tous ceux qui craignent de souffrir au moment de mourir.

RUYSCH. — Nous estimons que la mort n'est pas autre chose que la séparation de l'âme d'avec le corps. Nous ne comprenons donc pas comment ces deux éléments unis, presque soudés entre eux, constituant ainsi un seul être, pourraient se séparer l'un de l'autre, sans une grande violence et un indicible labeur.

1ᵉʳ MORT. — Dis-moi, l'esprit est-il donc suspendu au corps au moyen de nerfs, de muscles ou de membranes ? Est-il nécessaire de rompre toutes ces attaches lorsque l'esprit s'en va ? Ou bien considères-tu l'esprit comme s'il était lui-même un membre du corps ? L'âme sort du corps parce qu'elle est empêchée d'y demeurer plus longtemps et non parce qu'une force étrangère la déclenche et l'arrache. L'âme n'est pas chassée par un acte de violence venu de l'extérieur. Elle suit son propre mouvement et son aspiration. Se sentant tout à coup mal à l'aise, elle s'en va doucement.

RUYSCH. — Alors, qu'est-elle donc, si elle n'est pas douleur ?

3e MORT. — C'est plutôt un plaisir car elle comporte la même progression que le sommeil. Il est vrai que l'amplitude de cette progression est plus ou moins forte suivant la cause et le genre de la mort. Au dernier moment, elle ressemble encore au sommeil. Elle ne nous apporte ni douleur ni plaisir. Dans les instants qui la précèdent, il ne peut non plus y avoir de douleur. Car la douleur est une sensation vive, alors que les sens de l'homme à ce moment, c'est-à-dire quand la mort commence son œuvre, sont aussi moribonds que l'homme lui-même. »

## 6. La clairvoyance géniale de Schopenhauer

Enfin l'évidence de la mort douce a frappé l'un des plus grands philosophes de notre époque, Schopenhauer lui-même, et il semble difficile de mieux condenser ce vaste sujet qu'il ne l'a fait en quelques lignes dans *Le Monde comme volonté et représentation* (1) :

« ... la mort même ne consiste pour le sujet que dans le moment où la conscience disparaît, dans l'engourdissement de l'activité cérébrale. *L'extension ultérieure de cet engourdissement à toutes les autres parties de l'organisme est proprement déjà un phénomène postérieur à la mort*. La mort, au point de vue subjectif, ne concerne ainsi que la seule conscience. Quant à la nature de cette disparition de la conscience, chacun *peut s'en faire une* certaine *idée d'après l'assoupissement précurseur du sommeil* ; mais pour la connaître mieux encore, il suffit d'avoir eu une vraie syncope ; ici le passage d'un état à l'autre n'a pas lieu par degrés successifs, mais c'est la vue qu'on commence par perdre en pleine connaissance encore, puis, sans transition, la plus profonde inconscience survient ; la sensation éprouvée, tant qu'elle se pour-

1. Tome III.

suit, n'a rien de désagréable, et, si le sommeil est frère de la mort, la syncope en est, à coup sûr, la sœur jumelle. Bien plus, la mort violente elle-même *ne saurait causer de souffrance*, car les blessures, même graves, ne se sentent en général au premier moment ; on ne les remarque qu'un instant après, et, en bien des cas, seulement à leurs signes extérieurs. Sont-elles mortelles à bref délai, la conscience aura disparu avant qu'on s'en aperçoive ; doivent-elles amener la mort plus tard, il en est d'elles alors comme des autres maladies. De même, tous ceux qui ont perdu connaissance soit dans l'eau, soit par l'effet des vapeurs du charbon, soit par strangulation, s'accordent à dire que la disparition de la conscience s'est accomplie chez eux *sans douleur*. Et si, maintenant, enfin, nous en venons à la mort proprement naturelle, à la mort causée par l'âge, à l'euthanasie, elle est une disparition successive, une dispersion insensible de notre être hors de l'existence. »

CHAPITRE V

# Quelques opinions modernes

## 1. Hiérarchie de Bichat

Avant le XIXe siècle, les physiologistes ne s'étaient guère préoccupés du mécanisme de la mort.

Dans ses *Recherches physiologiques sur la vie et la mort*, Bichat, en 1829, avait écrit les lignes suivantes :

« ... Il est manifeste qu'il doit exister, entre la mort violente du cerveau et celle du cœur, un intervalle à peu près égal au temps que peut durer, dans l'état naturel, la suspension de la respiration.

« ... Il est facile, je crois, de se former une idée précise de la manière dont s'enchaînent les phénomènes de la mort générale qui commence au cerveau. Voici cet enchaînement :

« 1° Anéantissement de l'action cérébrale.

« 2° Cessation subite des sensations et de la locomotion volontaire.

« 3° Paralysie simultanée du diaphragme et des intercostaux.

« 4° Interruption des phénomènes mécaniques de la respiration et de la voix.

« 5° Annihilation des phénomènes chimiques.

« 6° Mort du cœur et cessation de la circulation générale.

« 7° Interruption simultanée de la vie organique.

« 8° Abolition de la chaleur animale qui est le produit de toutes les fonctions.

« ... Quoique les fonctions soient anéanties subitement, plusieurs propriétés vitales subsistent pendant un certain temps : la sensibilité et la contractibilité organiques dans les muscles de la vie animale et de la vie organique (susceptibilité galvanique surtout si l'animal a péri de mort violente)...

« ... La mort qui succède aux diverses maladies commence beaucoup plus rarement au cerveau qu'aux poumons. Cependant, dans certains accès de fièvres aiguës, le sang violemment porté au cerveau anéantit la vie... Dans ce cas, la mort peut être assimilée à une mort subite... »

## 2. Thèse d'Egger

Beaucoup plus tard (1895-1896) parut la thèse de V. Egger, qui commence par distinguer : *a)* la réaction du Moi à l'idée de la mort ; *b)* la réaction du Moi à la mort physiologique.

Pour cet auteur « quand la mort vient lentement, la maladie frappe la pensée au point de supprimer et l'idée de la mort, pourtant de plus en plus imminente et certaine, et l'idée corrélative du Moi ; l'agonie est un rêve incohérent, peut-être un cauchemar, mais pas plus ennuyeux que ceux du sommeil au cours de la vie ».

## 3. Richet, docteur Sarroste

Nous avons hâte de passer de ces témoignages déjà anciens aux témoignages plus directs des hommes de ce temps.

Quelque temps avant sa mort, **Charles Richet** nous écrivait : « En général, la mort de la conscience précède la mort du cœur. »

M. le **docteur Sarroste**, qui fut, durant cinq ans, médecin-major des pompiers de Paris et qui a dirigé le service de la chirurgie (officiers) au Val-de-Grâce, a fourni de précieux éléments à notre enquête.

D'après lui « l'acte » même est insensible. Le moribond ne s'en aperçoit pas. Car il convient, une fois de plus, de distinguer entre la maladie (ou la souffrance) et la mort qui sont des choses différentes.

Les agonies diffèrent de longueur. Elles vont de zéro ou une minute à plusieurs semaines comme dans la paralysie générale. Ordinairement, la durée de l'agonie est de une à trois heures.

L'angoisse psychique se manifeste toujours plusieurs semaines ou plusieurs jours avant la mort. Le jour de la mort venu, cette angoisse a disparu, soit que les ligaments physiques et moraux soient détendus, soit que, chez le mourant, l'accommodation soit faite.

« Cela, conclut le docteur Sarroste, peut être de l'inconscience, de l'indifférence ou de la résignation. »

## 4. Avis divers

Selon **Pierre Dominique**, docteur, le mécanisme de la mort (toujours du point de vue du sentiment de l'agonisant) doit être assimilé à celui du sommeil, cette demi-mort quotidienne.

Et voici quelques opinions textuelles de diverses personnalités sur le mécanisme de la mort.

**Docteur René Allendy** (1) : « Dissociation des éléments qui concourent à constituer la vie : je pense que certains de ces éléments ne sont pas matériels au sens physico-chimique du mot, mais d'un ordre plus subtil et dont les ondes éthériques (qu'on prétend émises par le corps vivant) seraient une manifestation. »

Parlant de la conscience du moribond, le docteur René Allendy dit ailleurs que « cette conscience est, en tout cas, très atténuée ».

**Victor Margueritte** : « Le moribond, généralement, a conscience de tout ce qui se passe, en lui et autour de lui. Mais il est, selon la nature et la gravité des cas, dans une sorte d'anesthésie partielle qui paralyse toute volonté...

« Mon opinion sur le mécanisme de la mort ? Ma foi, je ne suis pas médecin, mais j'imagine qu'il doit être analogue à cette

---

1. Auteur de *Essai sur la guérison* (Denoël et Steele).

impression de l'anesthésie graduelle, qu'on éprouve sous le chloroforme. L'invasion de l'inconscience et, au travers, la sensation de l'esprit qu'on sent se séparer du corps, et qui, semblable à ces légers ballons d'enfants, s'élève, s'amenuise, disparaît... »

**Docteur Armand Mercier** : « La dernière lutte entre la vie et la mort, comme on définit couramment l'agonie, se passe vraisemblablement en dehors de la conscience du moribond. »

**Romain Coolus** : « Le moribond a très rarement conscience. Il doit percevoir les phénomènes de la mort lointainement et fort atténués, dans les brouillards du coma. Il y a des êtres humains, comme des lampes à qui l'huile manque, qui s'éteignent tout doucement.

« Certains " rescapés " ont affirmé, à la sortie de cette épreuve qu'ils n'en rapportaient pas une impression désagréable.

« Je crois, avec Metchnikoff, qu'il arrive toujours un moment où l'être humain éprouve une lassitude de vivre et où il souhaite le repos définitif pour se libérer de cette fatigue. »

**Oswald Wirth** : « J'ai l'impression que la mort ne demande qu'à être douce en nous anesthésiant, *surtout si nous n'en avons pas une terreur artificielle...*

« Quant au mécanisme de la mort, il me semble se rapporter à celui du sommeil et n'en diffère sans doute qu'en extension, le phénomène étant partiel dans le sommeil et complet dans la mort, qui implique rupture définitive avec l'organisme, le chauffeur se décidant à l'abandon d'une auto devenue irréparable. Dans le sommeil, celui-ci se contente de remiser sa machine qui se recharge elle-même durant le repos qui lui est indispensable. Entre notre journée d'activité et l'ensemble de notre vie terrestre, il y a, selon moi, correspondance évidente. »

**André Lebey** : « Je ne suis pas médecin. Mon opinion n'a donc qu'une valeur sentimentale. J'ai le sentiment que la mort survient, à part l'accident, par usure d'un organe essentiel, impossibilité des organes de continuer à s'accorder entre eux, usure générale. Mais il me semble qu'on peut lutter contre la mort et que, le long de la vie, on est appelé à refaire la route plusieurs fois... Le mot populaire m'apparaît vrai en face d'un mort : *Il s'est laissé glisser.* »

**Mme Aurel** : « Presque toujours, à un moment donné, j'estime que nous sommes prévenu de notre mort, mais ce n'est pas toujours dans l'agonie... J'ai vu peu souvent mourir. La mort, son instant, ne parurent pas plus cruels que le commencement de l'agonie...

« La véritable mort c'est l'instant où l'on en est averti, soit par un pressentiment noir, soit par un malaise physique et destructeur. Ma mère eut trois mois de pressentiment. C'est là que se place la mort, non dans le mal qui suit. Pour moi, il n'y a pas la mort qui n'est rien. Il n'y a rien de terrible que l'effroi de l'après et que celui de tout quitter. Mal moral. Mais le mal physique de mourir paraît, en effet, peu de chose.

« Il n'y a pas la mort puisque, sitôt survenue, nous ne la souffrons plus. Il n'y a de vraie mort que sa crainte. Ne la craignons plus et nous l'aurons détruite. »

**André Demaison** : « Le mourant a très rarement conscience. Tout le mécanisme est affaibli. Émission, réceptivité, tout est en état de fatigue. Aspiration au repos, précédée d'une rupture d'équilibre physiquement pénible. »

**Docteur S... P...** : « *Tot caput, tot sensu...* Mais je crois que la mort est comme le sommeil. On meurt sans en percevoir exactement l'instant, comme on s'endort. Les gestes de l'agonie s'accomplissent instinctivement et hors de la conscience. »

**A. Baillot** : « Pour qu'il y ait souffrance, il faut qu'il y ait conscience. Or il apparaît que la conscience s'évanouit peu à peu dans l'agonie. Il ne faut pas se laisser prendre aux gestes *in extremis* des moribonds ; ce sont des réflexes de l'organisme étrangers au cerveau. La preuve est qu'on observe ces mêmes réflexes chez un animal décérébré. Un canard qui vient d'avoir la tête coupée continue à marcher ; les tronçons d'un serpent remuent longtemps. L'été dernier, il m'a été donné d'observer un lièvre dont la tête venait d'être sectionnée par un coup de fusil faire des cabrioles pendant quelques instants. »

**Francis Thomas** : « Le moribond a-t-il conscience de son agonie ? Peu souvent. On y glisse insensiblement. Nous savons que, pendant le sommeil, les facultés mentales travaillent à un ralenti tel qu'au réveil nous ne nous souvenons plus. Cela ne nous est pas perceptible et pourtant c'est bien *en nous* ! »

**Boucher de Perthes** (auteur de *La Création*) : « Une idée de souffrance et d'une souffrance horrible s'attache aussi à celle de la mort. On croit qu'au moment où l'âme s'échappe de la matière et qu'elle quitte le corps, on doit éprouver une souffrance énorme, un déchirement atroce. La transition de la vie au trépas est le plus souvent d'un effet moins douloureux que celui qui résulte d'une indisposition, d'un coup, d'une fracture. Le calme de la physionomie de bien des cadavres et le témoignage de tant d'individus laissés pour morts et qui, revenus à eux, n'avaient gardé aucun souvenir de ce qui les avait mis dans cet état indiquent que cette opinion de la bénignité de la mort n'est pas dénuée de vraisemblance. »

## 5. Observations d'Henry de Varigny

Dans un très curieux ouvrage, *La Macrobiotique*, cité par H. de Varigny, qui a réuni la plupart des témoignages anglo-saxons, Hufeland dit :

« Personne n'a jamais senti la mort, et nous sortons du monde sans en avoir plus conscience que nous n'en avons eu de celle de notre entrée... L'homme ne peut avoir aucun sentiment de la mort, car mourir, c'est perdre la force vitale, qui est précisément le moyen à l'aide duquel l'âme sent le corps. Ainsi, à mesure que nous perdons notre force vitale, nous perdons aussi la faculté de sentir et la conscience, et nous ne pouvons perdre la vie sans perdre en même temps, ou même sans avoir préalablement perdu, le sentiment de l'existence qui exige une plus grande délicatesse dans les organes. C'est aussi ce que prouve l'expérience : tous ceux qu'on avait crus morts et qu'on a rappelés à la vie ont assuré qu'ils ne s'étaient pas sentis mourir, et qu'ils étaient tombés sans connaissance. Il ne faut pas que les convulsions, le râle et les angoisses apparentes de la mort dont on est témoin chez quelques moribonds nous en imposent. *Ces accidents ne font souffrir que le spectateur et non le mourant, qui n'en ressent rien.* C'est comme si l'on voulait juger les sensations d'un épileptique par les convulsions horribles qu'il éprouve : il n'a aucune conscience de ce qui nous cause tant d'angoisse. »

« Souvent, dit Varigny lui-même, on retrouve chez le malade l'indécision à l'égard du caractère des sensations qui se présente chez le blessé : ce sont des sensations inusitées dont on ne peut dire qu'elles soient pénibles, puisque le malade — ou le blessé — les caractérise parfois d'agréables, plus souvent d'indéfinissables. A coup sûr, elles ne sont pas douloureuses.

« C'est là le point essentiel, et les réponses que l'on peut obtenir des médecins et des prêtres qui assistent les mourants confirment la conclusion générale que, dans la grande majorité des cas, la mort n'est point douloureuse, et que les malades passent de vie à trépas sans ressentir de sensations vraiment pénibles. »

*Dans la majorité des cas*, dit notre auteur, c'est-à-dire dans ceux où les apparences ne sont pas douloureuses.

Mais nous allons beaucoup plus loin que M. de Varigny, puisque nous estimons que, *en dépit de toutes les apparences*, le passage s'accomplit à la façon d'un véritable « escamotage » et sans que le patient ait vu ou compris.

CHAPITRE VI

# Mort par maladie

## 1. L'état mental des mourants

La maladie est, de beaucoup, la cause principale de la mort. Les statistiques mondiales considèrent, en général, qu'il faut compter, en temps de paix, 96 % de décès dus à la maladie, contre 4 % causés par accident ou par violence (1).

C'est donc à la mort par maladie que la présente enquête se réfère principalement.

Dans une thèse pour le doctorat en médecine, présentée et soutenue, le 2 mai 1883, devant la Faculté de médecine de Bordeaux, M. Albert Salivas avait procédé à l'étude médico-légale *de l'influence exercée sur l'état mental par l'approche de la mort*.

Cette thèse comprend trois parties : *a)* troubles des facultés intellectuelles ; *b)* perversion des facultés affectives et des instincts ; *c)* altération des facultés sensorielles.

En voici le thème essentiel : il y aurait trois classes de maladie dont la mort peut être la terminaison.

La première embrasse les nombreuses affections dans lesquelles le délire n'apparaît à peu près jamais, même à l'approche de la mort.

La deuxième renferme les états pathologiques extra-cérébraux, qui n'intéressent que secondairement le cerveau et dans

1. Statistiques de 1936.

lesquels le malade a, en quelque sorte, un pied dans le camp du délire et l'autre dans celui de la raison.

La troisième se compose de toutes les lésions cérébrales qui s'accompagnent presque inévitablement de la perte de l'intelligence et dont le délire est un caractère à peu près constant.

Toujours d'après Albert Salivas, il y aurait lieu, à titre d'exemple, de comprendre dans la première catégorie : 1° phtisie, affections cardiaques et hépatiques, cancer de l'estomac ou de l'intestin, hémorragies, la plupart des lésions chroniques, péricardite, pleurésie, péritonite, rhumatisme articulaire aigu (à l'exception du cérébral) et les affections chirurgicales sauf celles accompagnées de délire nerveux.

Dans ces cas, la mort arrivant normalement par les poumons ou par le cœur, l'intelligence, dit la thèse Salivas, est souvent conservée jusqu'au dernier moment et elle peut présenter alors une netteté, une perspicacité et une pénétration remarquables.

« On voit des mourants réunir quelques heures avant la mort leurs parents et amis et avoir avec eux une entrevue solennelle dans laquelle ils dictent leurs suprêmes volontés, donnent d'excellents conseils ou parlent de l'avenir en prophètes. Cette dernière faculté était bien connue des Anciens, pour lesquels elle constituait l'état demi-céleste des mourants, l'*exstasis* ou *moriendum vaticinatio*.

« Beaucoup de malades, continue M. Salivas, meurent résignés, certains ne se sentent même pas mourir et c'est pleins d'illusions qu'ils s'endorment de leur dernier sommeil. Qui ne sait, par exemple, que les phtisiques, acariâtres et désespérés pendant leur vie, redeviennent égaux d'humeur, calmes et confiants au moment de leur mort. Sur le bord de la tombe, ils montrent de la gaieté et font mille projets d'avenir, tant ils sont loin de se douter que leur existence touche à sa fin. »

D'après Virey, Cicéron et Sénèque croyaient que la mort a bien sa volupté et Barthez, Darwin, Cabanis et Cirillo ne pensaient pas autrement. Pour eux, le passage de cette vie dans l'autre devait être empreint d'une délicieuse poésie.

Presque au moment d'expirer, l'empereur Adrien fit des vers charmants. Ronsard en composa pour la femme aimée, et Alfieri récita avec enthousiasme un passage d'Hésiode qu'il n'avait lu qu'une fois.

Pourquoi, si près de la dissolution, un pareil état de l'intelligence ?

« Pour Moreau de Tours, écrit Salivas, c'est parce que idiopathiquement ou par relation sympathique avec les organes primitivement lésés, les centres nerveux se trouvent dans un état de surexcitation trop faible pour produire le délire proprement dit mais suffisant pour élever les facultés mentales au-dessus du diapason commun et les faire briller d'un éclat inaccoutumé.

« Pour Legrand de Saulle, lorsque l'état pathologique est déterminé par une lésion située ailleurs que dans les centres nerveux, il se produit une dérivation énergique et le cerveau se trouve en quelque sorte plus libre, plus dégagé. »

## 2. La maladie n'est pas la mort

Avant d'aller plus loin, posons à nouveau en principe absolu cette constatation d'évidence : **la maladie n'est pas la mort.**

On peut souffrir beaucoup avant de mourir, mais cette souffrance est due exclusivement à la maladie. Une maladie dont on guérit cause bien plus de souffrance qu'une maladie dont on meurt. En effet, la douleur de la maladie s'arrête presque toujours aux approches de la mort et *toujours* quand la mort immine. Tandis que le malade qui guérit doit subir, d'abord, les souffrances qui l'acheminaient vers la mort et, ensuite, les souffrances qui l'acheminent vers la guérison.

Il n'est nullement indispensable qu'on souffre avant de mourir. Il est de règle constante qu'on souffre pour guérir.

Ceux qui souffrent d'angoisse précordiale ou même d'indigestion connaissent une douleur et une anxiété autrement poignantes que les soi-disants souffrances de l'agonie, parce que la douleur leur vient alors qu'ils sont en pleine possession de leur sensibilité et en plein contrôle de leurs moyens.

Une crise aiguë de rhumatisme, dont les tenailles serrent les chairs, le cheminement du calcul qui déchire un uretère, l'effroyable névralgie du trijumeau, l'accès hémorroïdal et tant d'autres douleurs parmi les plus violentes, ne comportent aucun péril de mort.

Il n'y a point de différence entre les souffrances physiques ou la gêne causées par une fièvre typhoïde qui aboutit à la mort et les souffrances physiques ou la gêne d'une fièvre typhoïde qui aboutit à la guérison, si ce n'est que les premières se terminent à l'aller, tandis que les secondes se poursuivent au retour, doublant ainsi, ou presque, la douleur exclusivement due à la maladie.

Il serait donc absolument inexact et injuste d'imputer à la mort ce qui est le fait de la maladie, celle-ci étant l'accessoire de l'intelligence (car sans intelligence il n'y aurait guère de maladie) et celle-là étant une solution de l'instinct.

## 3. Le médecin devant la douleur et la mort

Le médecin, à notre sens, et surtout le clinicien, est peut-être celui qui commet le plus d'erreurs dans l'appréciation des souffrances du patient aux approches de la mort.

Pourtant son observation est suffisamment aiguë, son expérience suffisamment riche pour que certaines remarques s'imposent à lui, en dépit des tendances péjoratives de son jugement et de la tendance déformatrice de sa profession. Mais la hâte, la précipitation, qui sont l'apanage du praticien moderne, la scoliose mentale de sa formation aussi, l'empêchent de s'y appesantir.

Quand, par hasard, un médecin, intelligent au sens noble du mot, s'élève du glossaire et du formulaire techniques jusqu'aux idées générales, cet analytique atteint parfois à un rare don de synthèse. Alors il cesse d'être exclusivement médical pour devenir humain.

Un des représentants les plus qualifiés et aussi les plus audacieux de la médecine officielle moderne, le docteur Voivenel, a réuni ses souvenirs dans un livre de pitié : *Le Médecin devant la douleur et la mort* (1).

---

1. Librairie des Champs-Élysées, Paris.

Dans la longue citation qui va suivre et dont nous avons à peu près respecté l'ordre, le médecin examine les faits et les apparences et, bien qu'emprisonné dans ses souvenirs sensoriels, ne peut s'empêcher de tendre aux mêmes conclusions que nous.

« J'ai interrogé mes souvenirs, dit-il, noté ceux qui spontanément se présentent dans le champ de ma conscience, puis au cours de l'interminable et funèbre promenade à travers les dossiers des " disparus ", depuis l'époque déjà lointaine où je me suis installé, j'ai fait un classement.

« ... D'abord et surtout, les *tuberculeux*, à cause de leur fréquence, de leur jeunesse et de leur beauté. Indiscutablement, ils se *détachent de la vie avec une facilité impressionnante.*

« ... Dans les affections aiguës, le passage dans l'au-delà se fait généralement d'une façon insensible. Le cœur vaillant lutte, accélère son pouls ; celui-ci s'affaiblit, devient irrégulier ; un dernier battement et c'est tout. Les batailles indécises se prolongent souvent au point que le sujet décoloré semble fondre au feu de la fièvre. *La confusion mentale étend parfois sur l'esprit son voile secourable tissé d'hallucinations et de rêves diurnes prolongés* (2). Assez fréquemment une sérénité impressionnante embellit le malade qui vraiment s'éteint comme une lampe sans huile.

« ... Il n'est que trop de maladies où, en pleine jeunesse, le corps meurt dans ses fonctions, tandis que l'esprit conserve avec son acuité toute sa force de désir. Une infection, une section, une réaction scléreuse compriment un " centre " ou un " faisceau " et apparaissent *les paralysies, les tremblements, les rigidités, les crises épileptiformes...*

« ... Les lésions nerveuses, qui laissent cependant au reste de l'organisme ses possibilités vitales, sont lugubres comme l'incarcération à vie d'un pauvre bougre qui n'aurait pas commis de faute. *Et ce n'est pas sans une émotion particulière que je note ici, malgré tout, l'adaptation du psychisme. Illusionnisme, accoutumance, affaiblissement intellectuel ou idées délirantes dans les cas qui ne s'améliorent pas, une sorte de traité de pitié est signé par la nature qui calme les réactions angoissées et violentes.*

---

2. Toutes les parties soulignées (en italique) le sont par nous (note de l'auteur).

« Parmi les *morts subites* dont l'étiologie est diverse et dont la plupart ne sont en réalité qu'une terminaison (ainsi dans les affections cardiaques, ainsi dans l'angine de poitrine, ainsi dans les crises d'urémie, ainsi dans la rupture d'une artère pulmonaire chez un tuberculeux ou d'un anévrisme) la fin par embolie d'un être peu touché qui se brise comme le fil d'une lampe électrique, illustre la fragilité de notre mécanisme qui par ailleurs nous offre les signes d'une merveilleuse résistance. Tandis, en effet, que des accidents énormes avec délabrement d'organes essentiels se réparent en dépit de tous les pronostics, après une opération bénigne, au cours d'un abcès anodin, un caillot se détache et cette chose minuscule écroule un organisme superbe. Exemple fulgurant du " grain de sable de Pascal ".

« ... *Décidément, au moment de poser les dossiers de " mon cimetière ", je dois conclure que dans toutes les maladies, à tous les âges, les derniers moments sont moins redoutables qu'on ne croit. A la fin d'une maladie, il y a épuisement et anesthésie.*

« ... *Exceptionnelles*, les morts dramatiques peuvent cependant être effroyables. Il en est ainsi dans le " drame abdominal ", le " drame pancréatique ", l' " œdème pulmonaire ". *Encore faut-il dire que c'est au début de ces batailles infernales qu'existe l'horreur. Quand l'intoxication, l'infection ou l'arrêt d'une fonction primordiale ont vaincu la résistance du système nerveux et du cœur, l'apaisement terminal se produit.*

« ... *Même, et il faut sans cesse en revenir là quand on a de l'expérience, on meurt plus facilement que ne l'a décrit Tolstoï dans la* Mort d'Ivan Ilitch.

« ... Si certains malades sont la proie d'un vertige mental qui les pousse à jouir inconsidérément des joies interdites, *la plupart capitulent et s'arrangent*. Dans la solitude de leur souffrance, ils renoncent et méditent. Quelquefois tyranniques, souvent ils deviennent meilleurs. Ils comprennent l'inanité des ambitions humaines. *Ils s'accoutument, ils s'illusionnent si bien qu'ils éprouvent des joies véritables.* Si l'homme supérieur acquiert plus de pénétration psychologique et goûte la sérénité des renonciations, le malade ordinaire devient dans sa faiblesse plus puéril et ses attendrissements s'épanouissent en sourires qui sont le bonheur de ceux qui savent les faire éclore. »

## 4. Autres témoignages

Nous extrayons, d'autre part, de *Melancholia* (3), de Léon Daudet, un récit de la mort de La Boétie, cet ami incomparable de Montaigne, d'après le livre d'André Lamandé.

« ... Vers quatre heures La Boétie se réveilla en sursaut. On l'entendit haleter :

« — Bien ! Bien ! Qu'elle vienne quand elle voudra ! Je l'attends gaillard et de pied coi !

« Il parlait de la mort. Sur le soir, n'étant plus que l'image et l'ombre d'un homme, il fit appeler Montaigne.

« — Mon frère, mon ami, lui dit-il, plût à Dieu que je visse les imaginations que je viens d'avoir !

« Et comme il ne parlait plus, mais tirait de vains soupirs, car sa langue commençait à lui refuser son office, Montaigne approcha son visage du sien, et lui demanda :

« — Quelles sont ces imaginations, mon frère ? Jamais l'honneur ne me manqua de communiquer à toutes celles qui vous venaient en l'entendement ; ne voulez-vous pas que j'en jouisse encore ?

« — Je le veux, répondit-il, mais, mon frère, je ne puis... *Elles sont grandes, admirables, infinies et indicibles...* »

*
* *

Nous avons donné plus haut un large extrait du témoignage décisif de l'essayiste et romancier Charles Derennes, qui se trouva à deux doigts de la mort à la suite d'une infection grippale compliquée de congestion pulmonaire et d'urémie.

Il en est de même au cours des crises convulsives d'urémie. « Les convulsions sont effrayantes, déclare l'Irlandais Mac Kenna, et pourtant le malade n'en est pas conscient ; il ne ressent aucune souffrance. Sa sensibilité est annihilée par les toxines de son sang. Et tout ce qui angoisse le témoin laisse indifférent le

3. Bernard Grasset, éditeur.

malade. » Suivant le mot de Colton : « *Il ne saurait y avoir rien d'effrayant dans la mort elle-même car l'acte de mort oblitère la sensation.* »

Prenons, d'autre part, un cas typique de cancer (une des maladies qui causent le plus de souffrances). Il nous est fourni par M. Francis Thomas, de Nantes.

« M. L..., 52 ans, meurt d'un cancer au poumon après plus de deux ans de souffrances atroces. La semaine avant sa mort fut épouvantable, surtout le vendredi. Puis le samedi, délire. Dimanche et lundi, le malade baisse, parle encore, tousse beaucoup. Une piqûre le calme. Le mardi matin, à cinq heures, il meurt doucement, imperceptiblement, après une autre piqûre, mais celle-ci trop éloignée pour qu'elle soit cause de cet assoupissement. »

Et ce témoignage remarquable du docteur René Allendy : « Moi-même, au cours d'une diphtérie très grave, à 14 ans, alternatives d'angoisse et d'inconscience, comme si je cessais, par moments, de percevoir mon corps : sensation de glisser dans un état de conscience différent, comme un sommeil profond. »

## 5. Exemples de morts diverses

M. Victor Margueritte qui, déjà, nous a fourni une opinion remarquable sur le mécanisme de la mort, nous a envoyé la curieuse relation de deux morts survenues dans son entourage :

« J'ai été témoin, nous dit-il, de deux morts douces dans ma famille, celle de ma belle-sœur, deux fois opérée et qui avait terriblement souffert. *L'approche de la mort lui apporta la paix, la rémission de la douleur.* Déjà, elle était dans le coma, elle ouvrait parfois les yeux, on sentait qu'elle cherchait à voir, mais elle n'avait plus de regard. Je venais d'arriver. Elle ne le savait pas. Je lui pris la main, alors ses yeux s'ouvrirent ; une seconde un regard me reconnut. Ses lèvres prononcèrent : " Vous. " Puis elle ferma de nouveau les yeux. Elle s'éteignait doucement, sans râle. Quelqu'un entra et, maladroitement, fit claquer la porte. Aussitôt ses sourcils se froncèrent et elle ouvrit les yeux. Son visage marquait le mécontentement (4). Puis tout s'éteignit.

« L'autre mort fut celle de sa fille — quatre mois plus tard — à la suite d'une jaunisse dont elle ne se remit pas ; conséquence, nous le sûmes après, d'une autre maladie. Cette mort fut admirable.

« La malade avait deux jeunes garçons qu'elle aimait passionnément. Comme aucun remède n'apportait d'amélioration à son état, on l'envoya sur la Côte d'Azur dans une maison de santé, loin de tous ceux qu'elle chérissait. Quand elle vit la mort présente, elle demanda la photographie de ses enfants et garda leur image jusqu'à la fin dans ses mains refermées, tout en parlant d'eux à l'infirmière qui l'assistait. Lorsque le râle de l'asphyxie prit fin, *elle s'en rendit compte*. A ce moment, le docteur, passant dans le couloir et entendant râler, entra. Elle eut la force de dire à l'infirmière : “ Vous qui connaissez mes enfants, continuez à parler d'eux... ” Elle eut encore trois ou quatre râles et mourut. »

Indépendamment de l'aisance de la mort, ce récit démontre que l'agonisante n'était pas consciente de son premier râle puisqu'elle ne s'en rendit compte que lorsqu'il eut pris fin.

M. Victor Margueritte ajoute :

« La même personne, un mois avant sa fin, avait déjà failli mourir (5). Elle reposait ; tout à coup, elle se réveilla avec une sensation de froid bizarre. Elle veut remuer le bras, elle ne le peut plus. Elle appelle : “ Vite, vite, frictionnez-moi avec de l'alcool, faites-moi des piqûres, je suis en train de mourir. J'ai déjà la moitié du corps froid. ” Ce qui était vrai. Les avant-bras et les jambes avaient la couleur cadavérique...

« Quand j'allai la voir, alors qu'elle arrivait sur la côte pour son dernier voyage, elle me raconta son aventure et me dit avec

---

4. Cela prouve : 1) que l'ouïe, non seulement reste souvent intacte chez les mourants, mais s'amplifie et leur rend le moindre bruit pénible ; 2) que l'agonisante était dans la paix de l'avant-mort d'où la tira fâcheusement un bruit trop brutal de la vie.

5. Du moins, elle le crut. Et tout porte à croire que sa vie n'était pas alors menacée, mais que la nouveauté et la nature de ce qu'elle devait ressentir lui semblaient ne pouvoir être qu'une manifestation de la mort.

une expression effrayée : “ Oh ! c’est une constatation affreuse. Une sorte de glace qui s’applique sur vous… C’est horrible. ”

« Elle était jeune et belle. Un mois plus tard, *elle devait mourir si calmement*, et avec un admirable courage. »

Rien ne saurait mieux que ces lignes pathétiques souligner la différence qui existe entre la mort imaginée et la mort réelle, entre le phénomène tel que nous croyons qu’il doit être et le phénomène tel qu’il est.

M. André Demaison a enregistré plusieurs fois les impressions d’êtres humains parvenus au seuil de la mort, principalement dans les colonies. « Je me souviens, nous dit-il, entre autres morts, de celle d’un jeune camarade atteint de bilieuse. Nous le frottions encore une demi-heure après sa mort. Il nous avait échappé sans qu’aucun de nous s’en aperçût. La veille, le capitaine avait dit au rapport : “ Peut reprendre son service. ” C’était à Dakar. »

Et l’auteur du *Livre des bêtes qu’on appelle sauvages* continue par un souvenir terriblement direct puisqu’il est personnel : « J’ai personnellement “ réchappé ” en 1913 d’une bilieuse hématurique… Je serais mort sans le moindre regret. *Je me moquais éperdument de tout. La vie et la mort m’étaient absolument indifférentes.* J’étais vraiment trop fatigué. Je n’aspirais qu’à la paix, au repos. »

Que nous dit, de son côté, M. Marcello Fabri, ancien directeur de la *Revue moderne* ? Son témoignage est peut-être l’un des plus curieux et des plus complets de tout notre dossier. Nous le rapportons tel quel sans y ajouter la moindre réflexion. Mais nous en commenterons, à la fin de ce livre, une phrase caractéristique.

« J’ai été condamné moi-même, les médecins m’avaient abandonné. Je l’avais deviné. Je ne tenais, pour ainsi dire, pas à la vie. Fût-ce esprit de contradiction, fût-ce par une sorte d’humour macabre, aussitôt la constatation faite que, selon eux, je *devais* mourir, je résolus de vivre. J’y suis parvenu, non sans peine. Est-il besoin de dire que, durant ces trois ou quatre jours d’agonie — où les miens pleuraient autour de moi sans feindre plus longtemps quelque espoir — j'ai envisagé la question sous ses nombreuses faces ? Je ne tenais pas à vivre. Je ne voulais plus mourir. Je sentais que je m'enfonçais lentement. Je tenais pourtant à émerger. Je vivais (?) dans cette sorte d'engourdissement où la mort qui vient semble d'avance obstruer d'une cire invisible les portes de nos sens. Si je ne savais combien il peut paraître précaire de définir aussi abruptement les résultats d'une telle expérience, je dirais que j'en retirai à la fois le sentiment qu'il est très aisé de mourir, puisque je n'avais qu'à me laisser aller, et presque aussi facile de survivre puisqu'il m'avait suffi de résister un peu pour continuer à exister. »

M. le docteur Gaudeau, de Tours, croit que « plus longtemps que l'on ne pense, le moribond a conscience ; il faut toujours considérer que le moribond entend et comprend ».

Il a été témoin de morts apparemment douces (cela dit en opposition avec les morts apparemment cruelles). Telles sont les morts par péritonite, les morts des soldats pendant la guerre, les morts des enfants, qu'il qualifie dans ce cas, les unes et les autres, de « glissement insensible et doux souvent ».

Le professeur tourangeau ajoute : « Les mourants ne croient pas être si près de la mort, et s'ils en reviennent, ils oublient. »

Mme Claude Chauvière, original écrivain de *La Femme de Personne*, rapporte sa propre expérience qui la mena jusqu'au seuil :

« J'ai été deux fois à l'article de la mort. Pendant une typhoïde : quatre jours à 41 de fièvre. J'entendais tout et ne pouvais point parler. Mourir m'était tout à fait indifférent. A ma grande crise cardiaque : étouffements, etc., je désirais mourir de toutes mes dernières forces. Que dis-je ? Je suppliais la mort : c'était la délivrance. »

Elle a « entendu », il y a une quinzaine d'années, une femme s'écrier : « Ah ! mon Dieu ! que je suis bien ! » avant de rendre le dernier soupir.

L'un de nous a connu un infirmier du front de 1914-1918 qui, fait prisonnier par l'ennemi, fut rendu au cours de la dernière année. Cet infirmier vit mourir personnellement du typhus de nombreux Allemands. La mort de ceux-ci était toujours facile et exempte de souffrance. Il eut d'ailleurs, lui-même, une mort très douce et il « savait » qu'il n'y a pas de douleur dans la mort.

Ne multiplions pas ces témoignages. Les revues qui ont abordé la question en ont recueilli un nombre très grand.

Mais examinons spécialement un genre de mort qui épouvante les uns alors qu'il est l'objet des vœux de beaucoup d'autres, nous voulons dire la mort qui vient soudainement.

## 6. Morts subites (6)

On s'est demandé si cette forme de la mort est, elle aussi, exempte de souffrances ? Et on a conclu qu'il était difficile de répondre parce que les patients ne pouvaient restituer leurs impressions comme ceux que la maladie avait conduits très près de la mort.

Il nous semble, au contraire, fort aisé de répondre puisque, fréquemment, dans les crises d'urémie et les attaques d'apoplexie foudroyante, le malade va jusqu'à la syncope ou au coma. Ceux-ci peuvent d'ailleurs se prolonger assez longtemps lorsque le patient en réchappe. Or le mécanisme de la perte de sentiment est rigoureusement identique, que la victime revienne à la vie ou qu'elle s'achemine vers la mort. Les sensations d'un homme qui meurt au cours d'une de ces crises sont donc exactement les mêmes que les sensations de l'homme qui reprend ses sens après l'attaque.

Nous avons eu l'occasion d'interroger avant leur fin deux de nos amis qui, après avoir plusieurs fois payé tribut à leur mal, sous forme de comas ou de crises successifs et éloignés, finalement en sont morts.

Le premier, M. P..., architecte, ne se rappelait jamais les circonstances de sa chute lorsqu'il était ranimé. La façon dont l'accès lui était survenu lui échappait absolument. Ses souvenirs ne

---

6. Nous avons compris les morts subites dans le chapitre des morts par maladie, parce qu'elles ne proviennent pas d'une cause extérieure à l'organisme et qu'elles résultent véritablement d'un comportement maladif souvent insoupçonné.

se reliaient qu'aux actes précédant la crise. Entre le moment où la convulsion commençait et celui où il se rendait compte de sa terminaison il subsistait un trou obscur, une zone opaque dans sa mémoire. Et sa frayeur ne venait que de la perspective raisonnée de l'accès prochain et d'une chute brutale sur le parquet. Mais, la première fois que la crise s'était produite, aucune appréhension d'un phénomène qu'il ignorait n'avait effleuré sa pensée et si l'attaque avait été assez forte pour l'emporter à ce moment-là il ne l'aurait jamais su.

Le second, M. R..., avocat, avait eu plusieurs hémorragies cérébrales. Il nous a confessé, à diverses reprises, avant la dernière qui fut irrémédiable, que l'attaque se produisait sans souffrance et sous forme d'étourdissement banal. Il éprouvait une sorte de vertige, parfois précédé d'une impression de malaise, puis c'était la chute, hélicoïdale d'abord, perpendiculaire ensuite dans l'état inconscient.

Bien des gens ont été témoins des circonstances d'une mort subite, qu'elle provînt d'arrêt cardiaque, d'embolie, de congestion, etc. L'impression générale est que le patient n'a pas souffert et qu'une telle mort est *physiquement* désirable. Elle est, en effet, désirée parce qu'elle coupe court au cérémonial de l'agonie et de la mort.

Le journal *l'Intransigeant* rapporte ainsi la mort, survenue le 27 novembre 1936, de l'acteur polymorphe Frégoli, qui représente une mort subite type.

« Il lisait les journaux du soir dans le salon. Sa femme se tenait dans une autre pièce. Un ami, un artiste lui aussi, Gino Soldarelli, vint lui rendre visite et un domestique l'introduisit dans le salon. Soldarelli était un intime. Il s'approcha du fauteuil où Frégoli semblait reposer, le journal appuyé sur ses genoux. Mais ses joyeuses paroles de bienvenue restèrent sans réponse. Effrayé, Soldarelli secoua son vieux camarade. Celui-ci était mort. »

Et voici de quelle manière le *Petit Parisien* rapporte la mort de Miguel de Unamuno, recteur de l'Université de Salamanque, emporté le 31 décembre 1936 par une embolie (?), à l'âge de 72 ans.

« M. de Unamuno se trouvait, jeudi, vers 18 heures, en compagnie du professeur Aragon, de la Faculté de Droit, à qui il venait de déclarer qu'il " se trouvait mieux que jamais ". Soudain M. de Unamuno cessa de parler, pencha la tête et devint extrêmement pâle.

« Le croyant incommodé par la fumée d'un brasero auprès duquel il se trouvait, le visiteur se leva pour reculer le brasero et s'aperçut alors qu'une des pantoufles de l'illustre philosophe se consumait sans qu'il en manifestât la moindre douleur. »

## 7. Morts naturelles ou séniles

Il est à peine besoin de souligner que la plupart de ces morts sont *évidemment* douces, c'est-à-dire que leur simplicité et leur facilité tombent sous le sens. Nous leur consacrons un paragraphe spécial dans la partie réservée aux morts par maladie parce que en réalité il n'y a pas de morts naturelles, chacune de celles-ci étant le résultat de la défaillance d'un organe et, par conséquent, d'une véritable maladie, dont le processus reste inaperçu.

En effet, chez les vieillards il n'y a presque pas et, parfois, pas de réaction. La congestion pulmonaire, qui déclenche une mobilisation générale de l'organisme chez l'adulte, ne provoque même pas de fièvre chez l'extrême vieillard. Elle n'en agit pas moins sur la vie de ce dernier, au contraire.

La mort des vieillards paraît être l'aboutissement d'une déchéance qui se fait par degrés insensibles, par suite de l'accumulation progressive de très petites perturbations inappréciables.

C'est la théorie de Metchnikoff. Celui-ci explique la sénescence ainsi : « Les éléments du tissu conjonctif, phagocytes, macrophages, qui existent partout autour des éléments anatomiques spécialisés et plus nobles, les détruiraient dès que fléchit la vitalité de ces derniers. Ils prendraient leur place. Dans le cerveau, par exemple, ce seraient les phagocytes qui, s'attaquant aux cellules nerveuses, désorganiseraient ces éléments nobles devenus incapables de se défendre (7). Cette substitution du tissu conjonctif au tissu nerveux a pour résultat une déchéance évidente. L'élément grossier à vitalité brutale étouffe l'élément affiné et supérieur. Cette éviction constitue ce qu'on nomme la sclérose sénile. »

« On voit des vieillards, écrit Dastres (8), qui déclinent graduellement, qui paraissent s'endormir doucement du sommeil éternel et s'éteindre sans maladie, comme une lampe qui n'a plus d'huile. Ce n'est là, le plus souvent qu'une apparence. Outre que la vieillesse à laquelle ils semblent succomber est déjà une maladie, une sclérose généralisée, l'autopsie révèle habituellement quelque lésion, plus ou moins directement responsable de l'issue fatale...

« ... De plus tous les actes vraiment naturels sont sollicités par un instinct dont la satisfaction est un besoin et une joie. Le besoin de la mort devrait donc apparaître à la fin de la vie, comme le besoin du sommeil arrive à la fin du jour. Il apparaîtrait sans doute si le cycle normal de l'existence était rempli et si l'évolution harmonique n'était pas toujours interrompue par l'accident. La mort serait alors accueillie et souhaitée ; elle perdrait son horreur. L'instinct de la mort remplacerait au moment voulu l'instinct de la vie. L'homme sortirait du banquet de la vie ne souhaitant plus rien ; il mourrait sans regret et " rassasié de jours ", selon l'expression même que la Bible emploie pour Abraham, Isaac et pour Jacob. »

Proudhon écrivait la lettre suivante à M. Maurice :

« Mon cher Maurice,

« Le but de la présente est principalement de vous faire part de la mort de ma mère, arrivée à Brugillen le 17 décembre dernier. La pauvre vieille est morte sans agonie, sans douleur, comme mon père, usée par l'âge, les peines, le travail, l'ennui. Dans ses derniers jours, elle était presque continuellement dans une rêverie ou léthargie qui l'enlevait aux choses de ce monde ; c'était comme un apprentissage de la mort. »

---

7. Il s'agit là d'une véritable révolution des cellules, dans laquelle l'aristocratie est détruite par la démocratie. La déchéance sénile est le produit de cette égalisation par en bas.

8. Ch. DASTRES : *La Vie et la Mort* (Flammarion, éditeur).

Édouard Thiaudière dit de son côté, dans *la Fierté du Renoncement* : « Il arrive un temps, dans la vie de l'homme le plus activement humain, où l'âme, n'ayant plus le loisir, ni le goût, ni la force de répondre à tout ce qui la sollicite du dehors, aspire elle-même à être anéantie ou transfigurée. »

Je tiens de Georges-Armand Masson la réflexion suivante qu'il avait recueillie de la bouche d'Arnould Galopin : « Vieillir, c'est s'habituer à mourir. »

Mais enfin, à l'approche du dernier instant, que ressentent les vieillards ? Il existe au dossier de M. de Varigny (9) une lettre d'un de ses amis, le vicomte P. de V., relative à la mort de sa mère :

« Toute sa vie, dit le témoin, ma mère a eu l'appréhension de la mort. C'était un sentiment beaucoup plus physique qu'autre chose, mais poussé à tel point qu'elle était obligée de prendre sur elle pour assister à un enterrement. Au contraire, dès qu'elle s'est trouvée en face de la mort, ce sentiment a fait place à un grand calme. C'est ce qu'elle voulait exprimer lorsqu'elle me disait : « Ne te tourmente donc pas tant à ce sujet ; tu verras, le moment venu, tu seras plus chic que tu ne le crois. »

Le même auteur rapporte le témoignage suivant émanant de Mlle de M. C.

« Ma mère avait atteint l'âge de quatre-vingt-cinq ans sans infirmités proprement dites.

« Un des derniers jours d'octobre 1916, elle n'eut pas la force de se rendre au salon, et passa toute la journée dans sa chambre, assez triste, parlant très peu. Le lendemain, elle ne put quitter son lit. A partir de ce moment, et comme si d'avoir renoncé à un effort trop grand provoquait chez elle une détente, elle nous parut apaisée, plus sereine, et bientôt tout à fait heureuse. Une expression de grande paix se fixa sur ses traits.

« Peu de semaines auparavant elle m'avait avoué craindre la mort à cause de la séparation, et aussi à cause de *cet inconnu mystérieux et peut-être redoutable*...

« Rien ne lui restait de ce sentiment pénible. Pas une fois elle

---

9. *La Mort et le Sentiment* (Librairie Alcan).

ne parla de sa séparation d'avec ceux qu'elle aimait, mais toujours d'un prochain revoir. On aurait dit que la certitude de ce revoir bienheureux noyait en elle toute autre impression.

« Je l'entendis un jour murmurer, se croyant seule : " Je meurs en paix... satisfaite. " Il y avait dans son accent lorsqu'elle prononça ce mot " satisfaite ", en détachant chaque syllabe, comme une paix profonde et un repos infini. »

## 8. La bienheureuse asphyxie

Nous avons jugé inutile de nous étendre indéfiniment sur les cas de mort consécutive à la maladie. Les maladies diffèrent mais la mort survient à peu près toujours de la même façon.

La mort a son comportement à elle qui se substitue infailliblement à celui de la maladie et règle d'une manière souveraine l'ultime débat.

Les apparences de lutte sont dues à la confrontation des deux états ; celui qui est et celui qui vient. Invariablement le premier s'efface devant l'autre, dès qu'un certain stade est atteint.

Voyons donc comment se déroule la dernière bande du film humain, du seul point de vue physique.

Ici, nous sommes entièrement d'accord avec la thèse soutenue par M. de Varigny.

Que dit ce dernier ? Que le mécanisme bienfaisant dont l'intervention facilite le dernier acte de la vie consciente est **l'asphyxie** ; que la mort se produit à peu près toujours dans l'état asphyxique, soit par arrêt des poumons (cas le plus fréquent), soit par arrêt du cœur qui entraîne l'arrêt des poumons ; qu'il suffit d'examiner les mourants, leur respiration laborieuse, haletante, pour se rendre compte de la lutte que leur organisme soutient contre l'asphyxie victorieuse ; que l'asphyxie, « phénomène constant presque inévitable », accompagne la fin de la vie et rend **indolore,** la mort en anesthésiant les centres nerveux ; que cette asphyxie, due à l'appauvrissement du sang en oxygène et à son enrichissement en acide carbonique provoque d'abord une première phase d'hyperactivité respiratoire et d'excitation, ensuite une seconde phase de ralentissement respiratoire et de dépression ; que l'asphyxie, en un mot, « engendre l'asphyxie » ; que d'ailleurs le sang asphyxique agit pareillement sur les centres nerveux et y détermine tour à tour les mêmes phénomènes d'excitation nerveuse et de dépression.

Ici je cite textuellement (10) parce que la conclusion très remarquable et très étudiée de M. de Varigny constitue une des bases de notre thèse :

« D'excitation qui se manifeste par une exagération des phénomènes réflexes, une apparence fébrile, de l'agitation dans le domaine du mouvement et, dans le domaine intellectuel par de l'excitation physique, du délire, des hallucinations. On observe parfois, à cette période de l'agonie, un réveil de souvenirs très anciens qui surprend l'entourage ; la surexcitation intellectuelle se manifeste aussi par les paroles fréquentes, incoordonnées, souvent difficiles à comprendre, et cette phase est, à l'occasion, très pénible pour les assistants. Mais la dépression ne tarde pas à s'établir : le patient devient plus calme, et le silence remplace la loquacité ; l'immobilité succède à l'agitation. Les centres nerveux, surexcités d'abord, sont fatigués, et s'endorment. L'intelligence se voile, la sensibilité s'atténue. Et cette insensibilité qui s'établit graduellement est un des faits les plus importants de l'asphyxie, un de ceux qu'il est le plus aisé de constater ; elle monte graduellement des extrémités vers le thorax, et de là vers la cornée, qui est la dernière partie à conserver quelque susceptibilité aux excitations douloureuses. Le bulbe continue à vivre quelque temps, le cœur bat. Le patient vit encore, et il arrive que la vie puisse chasser la mort, même à cette période avancée : mais il ne sent plus et l'anesthésie est complète.

« Cela est d'une importance capitale. Car, je le répète, c'est, en définitive, dans l'asphyxie que meurent la majorité des humains : on peut même dire que *c'est toujours dans l'état asphyxique qu'ils meurent, du moment où il s'agit d'une mort graduelle due à une maladie.* Que le sang noir soit toxique pour les cellules nerveuses, ou qu'il les tue par inanition ou asphyxie, peu

10. *La Mort et le Sentiment* (Librairie Alcan).

nous importe : la question de mécanisme est d'importance secondaire ; l'essentiel est que l'asphyxie est constante, ou à peu près telle, *et qu'elle exerce une action anesthésiante sur l'organisme.*

« L'asphyxie est l'agent bienfaisant qui aplanit le passage final.

« Elle laisse lentement tomber le voile sur ce qui fait l'essence de la vie.

« Sur l'intelligence, qui perd sa vivacité, son mouvement et s'engourdit...

« Sur l'émotivité aussi, cette partie très secrète et obscure de notre Moi, par où nous nous attachons, ou bien nous haïssons, si fragile de structure, d'un tissu si délicat, si douloureux aux heurts et aux froissements : la sensibilité s'engourdit, et les affections semblent s'évanouir ; *ce qui fut toute la préoccupation d'une vie est considéré sans émoi, presque avec indifférence :* le cœur ne sent pas plus que la raison ne comprend : tous deux sommeillent, et, si dur que ce sommeil commençant puisse paraître à ceux qui sollicitent une dernière marque de tendresse, cela aussi est heureux, très heureux.

« Sur les sens, enfin, qui s'obscurcissent et perdent de leur acuité, de sorte que le monde extérieur tout entier recule et s'éloigne dans l'ombre silencieuse, et ne paraît plus que comme une vague lueur aperçue de loin, du fond d'un couloir obscur. Et tandis que les sens qui nous mettent en rapport avec le monde extérieur vont s'obnubilant, les nerfs par lesquels se transmettent les impressions venues de tout le corps, et le cerveau où ces impressions s'élaborent en douleur, perdent aussi de leur efficience.

« C'est un lent et profond sommeil qui s'établit, enveloppant tout l'être dans la torpeur, dans l'inconscience, dans l'insensibilité.

« En vérité cette mort n'a rien de redoutable. A coup sûr, nous la redoutons en pleine vie, en pleine santé : mais si vous rappelez vos souvenirs, vos observations, si vous vous remémorez la manière d'être de ceux que vous avez vu mourir, au cours de leur dernière maladie, n'est-ce pas chose frappante que l'absence de préoccupation à l'égard de la mort qui se manifeste vers la fin. Combien il est rare que le mourant se lamente ou se désespère ! Remarquez combien, vers le terme, l'état mental est altéré. *Même quand la connaissance semble la plus parfaite, dans la majorité des cas, il y a quelque chose d'incomplet dans l'intelligence, une crédulité anormale, un optimisme persévérant, vingt petits changements presque indéfinissables, mais très significatifs,* qu'on sent avec le cœur plus encore que la raison ne les perçoit, des nuances faciles à découvrir chez ceux qu'on connaît de longue date. *Au total il y a là une sorte d'inintelligence dont on est frappé.* " A sa place, se dit-on, je me préoccuperais de ceci ou de cela. Comment peut-il espérer ? Comment peut-il être aussi indifférent ? " On s'étonne, mais le jour venu, où l'on " est à sa place ", on fait comme lui, comme les autres, fort heureusement. »

## 9. Exemples de fins célèbres

Notre dessein n'est pas de mettre en relief les plus douces des morts célèbres (il y en eut d'admirables, comme celle de Littré, de Carrière, etc.) mais, au contraire de souligner la simplicité finale de quelques-unes d'entre elles dont les circonstances parurent cependant pénibles au début.

On suppose que ceux des mourants dont le cœur est en bon état luttent plus longtemps que les autres. On garde le souvenir du dernier combat de Porto-Riche, qui n'arrivait pas à se plier au rythme de la mort.

Anatole France se défendit longuement et souffrit tant qu'il s'obstina dans cette lutte. Les êtres très intelligents et très imaginatifs paient, au moment suprême, l'affaiblissement de leur instinct. La douleur et l'angoisse sont des réalisations cérébrales plus encore que des réalités physiques. Et pourtant la dernière heure d'Anatole France fut très douce. Il déclara à son entourage qu'il se sentait dissoudre peu à peu dans le néant.

Clemenceau, recevant Paul Lévy, cinq jours avant sa mort, lui confiait : « La mort, quel délassement (11) ! » Mais le mal s'avérait des plus redoutables.

« Le vendredi soir, raconte Léon Treich, il put encore parler... La faiblesse d'heure en heure augmentait. La crise d'urémie s'aggravait. Le vieux tigre s'intoxiquait lentement.

---

11. *Vie et mort de Clemenceau,* par Léon Treich (Éditions du Portique).

« — Il y a des batailles qu'on ne peut gagner, dit Sacha Guitry, sortant de la rue Franklin.

« Même ces batailles-là le grand cœur de Clemenceau voulut les mener jusqu'au bout. Être battu n'est rien. Mais ne pas se battre ! Mourir, soit, mais lutter... jusqu'au bout... jusqu'au bout...

« La lutte dura jusqu'au 24 novembre, 1 h 45.

« Le samedi soir le professeur de Gennes avouait :

« — C'est maintenant une affaire de minutes. Verra-t-il l'aube ? Le cœur tient encore bon...

« Il était 20 heures.

« — ... Depuis douze ans, ce cœur est arythmique et lutte pour conserver la vie de M. Clemenceau. Aujourd'hui encore, malgré l'extrême gravité de la crise, ce cœur continue à lutter...

« Paul Brulat et Émile Buré... sont introduits. Clemenceau ne les reconnaît pas. Les voit-il seulement... Clemenceau agonise...

« Samedi 23 novembre, 23 h 30.

« Le docteur de Gennes quitte la rue Franklin, le front barré.

« — M. Clemenceau ne verra pas l'aube, à moins d'un miracle...

« 1 h 45. L'illustre vieillard rend le dernier soupir. »

Tant que Clemenceau a fait front, il y a eu combat entre le rythme de mort et le rythme de vie. Quand le vieux lutteur est resté sur les épaules, la bienfaisance de la mort a étendu le voile aussitôt.

Le maréchal Lyautey sombra dans une demi-inconscience entremêlée de brefs instants de lucidité. Le coma l'envahit à 11 h 15 (le 27 juillet 1934 au château de Thorey). L'agonie commence vers midi et le maréchal meurt à 15 h 15.

Paul Bourget s'éteignit lui aussi, dans l'épais sommeil préparatoire. Un des derniers bulletins des docteurs Chevassu et Fiessinger déclare : « Au sommeil de plus en plus profond s'ajoute une élévation rapide de la température qui rend la situation de plus en plus alarmante. »

Le 23 décembre 1933, le président de la Catalogne, Macia, s'en va doucement. A 17 h 30 il avait encore sa lucidité. Il ne se rend nullement compte de son état. Loin de se croire à toute extrémité, il est optimiste. Mais l'intoxication due à la paralysie intestinale fait des progrès rapides. Une fois de plus, le rideau s'abaisse sur la conscience. Le lendemain, le président Macia est mort.

Que dire de la mort par hémorragie du chancelier Dollfuss, le 25 juillet 1934 ? Elle fut un « glissement insensible ».

La princesse Bibesco dans *Quatre portraits* (12) a écrit une admirable page sur les derniers jours du roi Ferdinand de Roumanie :

« Le roi va mourir, les entrailles déchirées, mourir de ce mal qui ronge lentement ceux qu'il tue : le cancer. La tumeur est publique : toutes les sécrétions sont analysées dans les journaux, la misère de ce corps malheureux s'étale, fait l'objet des conversations. Dans son propre entourage, on discute pour savoir s'il sait ou non qu'il va mourir, et l'*on s'étonne qu'il souffre si peu, qu'il ait l'air presque gai tandis qu'il est mourant.* Je vais le voir plusieurs fois, pendant les jours qui précèdent la dernière opération qu'on se résigne à lui faire. Je le retrouve dans son cabinet de travail avec ses deux chiens noirs couchés à ses pieds. Il est penché sous la lampe comme à son ordinaire. Nous tournons encore une fois ensemble les pages des beaux livres. Tandis que nous regardons celles où sont décrites et reproduites toutes les espèces de la grande famille des gentianes, il me parle pour la première fois de la Prairie. Il me dit que c'est le seul lieu de la Roumanie où il trouva, un jour, la gentiana bavarica et l'imbricata de Scheich qui foisonnent à Sigmaringen et sur les pentes de l'Etzel. J'étais sûre qu'avant de quitter ce monde il me parlerait un jour de la Prairie... Dans le Palais, *la mort était partout, hors dans l'esprit de celui que le danger le plus imminent menaçait.*

« — Le roi ne sait pas ce qu'il a, me dit en confidence l'une des dames de la Cour. Et pourtant, ajoutait-elle, il reçoit des lettres d'Amérique, et même des Indes, qui lui offrent des remèdes pour la guérison du cancer. Il lit lui-même ces lettres, et malgré cela, il ignore la nature de son mal... C'est une véritable grâce d'état.

« Une autre dame interrompit la première, disant :

---

12. Grasset, éditeur.

« — Est-ce qu'on peut savoir, ma chère ? Le roi est dur à la douleur et ne se plaint jamais de rien.

« Elles me demandèrent mon avis, puisque je venais de passer deux heures avec lui. Sait-il ou ne sait-il pas ? Je répondis, le plus doucement qu'il me fut possible : " C'est moi qui ne sais pas... Il faudrait demander à ses chiens. " Depuis de longues années, il me semblait que ses cockers noirs avaient été ses seuls confidents.

« De la dernière visite que je lui fis, j'emportai un souvenir : je dessinai le portrait du roi sur un coin de sa table... J'essaie de sourire en lui disant un adieu que nous savons éternel. Demain, il va cesser d'être seul, cesser d'être roi... »

Parfois, le mental veut jouer son rôle jusqu'au bout et c'est la prolongation douloureuse du débat. Ou bien l'être intelligent abdique et cède la place au petit enfant. Dès lors, il rentre dans le sort commun et le phénomène redevient instinctif, d'où son aisance. Ou bien l'être intelligent applique son intelligence au moment qui ne requiert que de l'instinct.

Voici le récit de la mort de la comtesse de Noailles, dont l'intelligence fut une des plus grandes de ce siècle, tel qu'il me fut fait, le 5 décembre 1933, par Mme Fraya, la célèbre intuitive, dans son cabinet de la rue Chardin.

« J'aimais, me dit-elle, infiniment cet esprit étonnamment souple et varié, ce génie perpétuellement renaissant, cette fleur de paganisme... J'assistai aux derniers instants et elle faillit mourir dans mes bras. Elle fit appeler Bergson et lui demanda ce qu'il pensait de ses chances de durée. Le philosophe ne lui cacha point qu'elle était très proche de sa fin.

« Mme de Noailles l'interrogea de nouveau :

« — Que pensez-vous qui disparaîtra le premier, mon intelligence ou ma mémoire ?

« — L'intelligence, répliqua Bergson.

« Mme de Noailles réfléchit et dit :

« — Je crois que ce sera la mémoire. Il n'est pas possible que mon intelligence ne reste pas jusqu'au bout.

« Bergson parti, la comtesse me dit :

« — Fraya, croyez-vous qu'il y ait une autre vie ?

« Je répondis affirmativement.

« Elle interrogea encore avec force.

« — En êtes-vous certaine ?

« Je confirmai mes premières paroles et la quittai pour ne plus la revoir.

« Je sais qu'elle demeura lucide jusqu'à la dernière seconde. Elle souffrait peu, je crois. On lui faisait piqûre sur piqûre.

« Un instant avant de rendre le dernier soupir, elle dit :

« — C'est MOI... Je suis encore là. »

Nous terminerons sur cet exemple d'orgueil cérébral, sorte de défi du cerveau qui va périr, au phénomène qui l'emporte et dont l'unique résultat est d'accroître les difficultés ultimes, car, *une fois qu'il est définitivement établi,* nul ne remonte en vain le courant de la mort.

CHAPITRE VII

# Morts accidentelles, violentes, etc.

Bien que les morts violentes ou accidentelles soient l'exception, ce sont elles qui frappent le plus l'imagination et suscitent davantage de crainte en raison des circonstances dramatiques qui leur servent de cadre. La logique humaine se refuse à croire que la chute, le choc, l'écrasement, bref tout ce qui endommage en grand la chair, ne soit pas une cause d'effroi et de souffrance.

C'est précisément pour cette raison que nous avons documenté ce chapitre avec une abondance particulière. Les multiples témoignages qu'il contient prouverons, jusqu'à l'évidence, le mensonge des apparences et la quasi-impossibilité pour l'homme, dans les périodes d'intensité dramatiques de sa vie, de faire état de ses sens et de ce qu'il appelle sa raison.

## 1. Les asphyxiés

Les physiologistes comptent quatre sortes principales d'asphyxies : l'asphyxie par submersion (la plus fréquente), l'asphyxie par électrocution, l'asphyxie par les gaz et l'asphyxie par manque d'air. Telles sont, dans le dernier cas, les asphyxies de scaphandriers et celles des ensevelis soit par éboulement, soit par avalanche.

### a) Asphyxie par submersion

C'est là une des morts apparemment les plus dramatiques et qui cause généralement une extrême répulsion.

Les noyés souffrent-ils ? Tout est là. Nous n'avons à nous préoccuper ici ni de la disparition du corps ni des conditions dans lesquelles on le retrouve. Une seule chose nous intéresse : l'instant même qui précède leur mort. Comment réalisent-ils le péril ? Quelle est la réaction de leurs sens, de leurs nerfs, de leur pensée ? Souffrent-ils et, dans ce cas, quelle est la nature de leur souffrance ? Ou, s'ils ne souffrent pas, qu'éprouvent-ils ?

Nous avons retrouvé dans *le Moi des mourants* de V. Egger, cité plus haut (1) une trace de l'impression d'une dame en train de se noyer qui « revit en un instant sa vie entière rangée simultanément devant elle comme devant un miroir ».

Il s'agit là de la régurgitation mémorielle classique, que l'on constate parfois, mais qui est loin d'être la règle. Innombrables sont les candidats à la mort qui ne conservent pas ce souvenir.

Dans le cas de la dame d'Egger, ce qui mérite plutôt d'être noté, c'est l'adverbe « simultanément » qui correspond bien à la façon dont le reflux des souvenirs se présente. Ils ne semblent pas surgir successivement dans un ordre ou dans l'autre, mais d'un seul bloc, en même temps.

On dirait que la surexcitation brutale du conscient ouvre les écluses de l'inconscient qui sont normalement fermées et ne laissent passer, en temps normal, de l'immense nappe des sensations enregistrées depuis la naissance, qu'un maigre filet.

De sorte que la noyée d'Egger voyait sa vie entière *rangée simultanément* devant elle, non pas comme devant un miroir, mais, plus vraisemblablement, comme un jeu de dominos.

Bien que les impressions de mourants enregistrées scientifiquement soient rares en France, on trouve dans le premier semestre de la *Revue scientifique* de 1894, p. 700, et sous le titre : « *Les sensations d'un noyé* », une relation intéressante.

---

1. *Revue philosophique* de 1896.

Là encore, malheureusement, comme dans le consciencieux ouvrage de M. H. de Varigny, il s'agit d'un sujet américain, les Anglo-Saxons ayant, comme nous l'avons dit, une plus grande sollicitation pour les problèmes de cette sorte.

Par contre, tous les témoignages qui sont de notre cru, et qu'on examinera tout à l'heure, émanent de personnes actuelles et qui appartiennent à notre nationalité.

Voici le résumé des impressions de M. Hartley.

Au moment où lui est arrivé l'accident qui faillit lui coûter la vie, M. Hartley avait 20 ans ; il était avec un de ses camarades, se baignant dans l'Ohio en un point où il y avait une profondeur de 4,50 m, plongeant, pour s'amuser à ramasser des cailloux au fond de la rivière. A un moment donné, M. Hartley plonge à nouveau, ramasse tous les cailloux qu'il peut, sans se presser et, comme l'eau était tiède, il y reste le plus longtemps possible et ne se met à remonter qu'à l'instant où il allait être dans la nécessité de faire une inspiration. Il est à peine à cinquante centimètres de la surface lorsqu'il sent un choc épouvantable sur le dos entre les deux épaules ; c'est son ami qui plonge à son tour et qui, ne le voyant pas regagner la surface, vient de frapper avec sa tête le dos de M. Hartley. Sous ce choc, le peu d'air qui restait dans les poumons de M. Hartley est chassé violemment et l'asphyxie commence immédiatement son œuvre, d'autant plus que, sous l'influence du poids de son camarade, notre baigneur avait coulé comme une pierre ; ses bras tombent inertes le long de son corps et il se trouve étendu au fond de la rivière. Il était dans un état de demi-inconscience et voyait tous ses parents, tous ses amis l'entourant en foule et le regardant, les yeux pleins de larmes. Tous les événements de sa vie passaient lentement devant lui, bonnes ou mauvaises actions ou, même, choses fort indifférentes. Il se rappelait avec une netteté absolue les faits les plus minimes de sa vie de tout petit enfant, quand il allait à l'école : « Je sentais bien, dit-il, que je me noyais et je me souviens que je pensais : ce n'est pas, après tout, si douloureux de se noyer ! Mais je me demandais où l'on pourrait bien retrouver mon corps ; je frissonnais à la pensée que jamais peut-être il ne serait retrouvé ; je cherchais aussi à deviner si mon camarade s'était aperçu du malheur qu'il avait involontairement causé, s'il plongeait ou non pour me repêcher.

Puis je me représentais mon enterrement, j'entendais les cailloux résonner sur mon cercueil descendu au fond de la fosse, et enfin je songeais que bientôt les mères citeraient ma mort à leurs enfants pour leur faire peur. Je percevais des tintements dans les oreilles, des sons de cloches venant d'une certaine distance. » Ce sont ensuite des sensations visuelles. Notre noyé aperçoit des tableaux où s'entremêlent toutes les couleurs de l'arc-en-ciel : ces tableaux l'enchantent, et il ne ressent ni crainte, ni souffrance. Tout s'apaise autour de lui, les bruits de toutes sortes s'évanouissent ; il lui semble jouir d'un bien-être tout particulier, par une température qui ne serait ni trop chaude ni trop fraîche. Puis il se sent s'élever de terre, flotter dans l'espace, de plus en plus haut, et regarder le monde étendu à ses pieds.

Il était évidemment, à cet instant, aussi près que possible de la mort. A partir de là, il ne voit plus rien jusqu'au moment où il se retrouve étendu sur l'herbe, ayant auprès de lui son ami qui l'a repêché et a réussi à le ramener à la vie au moyen de frictions et de pratiques de respiration artificielle très prolongées.

Les cas, également de source anglo-saxonne, invoqués par M. de Varigny, sont péremptoires et nombreux.

L'amiral Beaufort avait coutume de raconter comment, étant tombé à l'eau à Portsmouth dans sa jeunesse, il avait commencé par se débattre, puis, ne sachant point nager et voyant ses efforts inutiles, il avait renoncé à lutter.

« *Du moment,* disait-il, *où je cessai mes efforts, un sentiment de calme et de tranquillité presque parfait prit la place des sensations tumultueuses :* c'était de l'apathie, non de la résignation, car il ne me paraissait plus que d'être noyé fût un mal. Je ne pensais plus à être sauvé, et je ne souffrais aucunement. Au contraire, mes sensations étaient plutôt agréables, rappelant ce sentiment de contentement engourdi qui précède le sommeil causé par la fatigue. Bien que mes sens fussent endormis, l'esprit restait très vivant : son activité semblait indiciblement accrue, car les pensées se suivaient avec une rapidité indescriptible, inconcevable même pour quiconque n'a pas passé par cette épreuve. »

A partir de ce moment, toute la vie, d'ailleurs brève, du futur amiral se dresse devant lui « sous la forme d'une vision panoramique ».

En somme, peu ou pas d'impressions désagréables au début de la période de résistance, son esprit étant en partie obnubilé par le choc psychique et physique de la chute dans l'eau. Par la suite, sensations de plus en plus agréables jusqu'au moment où on le rappelle à la vie. Dès lors commence la période pénible de renaissance dont il sera question dans un chapitre général.

A ce point de son enquête, M. de Varigny prend une précaution oratoire. Il n'entend pas démontrer « que la mort est invariablement facile et exempte de souffrance ». « Ce sera, dit-il, déjà beaucoup que de donner de bonnes raisons de penser qu'elle n'est pas toujours aussi désagréable qu'on le croit. » Il conclut ainsi :

« Mais les cas relatés plus haut ne sont pas les seuls que l'on connaisse. Il y en a beaucoup d'autres, et qui méritent d'être pris en considération. D'autant plus qu'il n'y a pas de concordance avec les précédents sur un point important, sur l'agrément qu'il y a à se noyer. »

*Notre thèse, on le voit, diffère ici absolument de celle de M. de Varigny, puisque nous estimons que, dans tous les cas, l'instant physique de la mort est* au moins *dénué de souffrance.*

Pourquoi M. de Varigny ne va-t-il pas jusqu'au bout de la thèse de la mort indolore, malgré la propension qu'il a ? Par souci de prudence d'abord et pour ne pas heurter brutalement une croyance traditionnelle. Ensuite parce qu'il ne fait pas assez la différence entre les noyés qui s'abandonnent et ceux qui luttent jusqu'au bout.

La pire chose qui puisse arriver à l'homme *qui doit mourir noyé* est d'être bon nageur et, surtout, bon plongeur, parce qu'il garde longtemps le contrôle de lui-même. L'espèce d'inhibition psychique qui est la règle et qui s'amorce automatiquement chez les non-nageurs, dès la chute dans l'eau, ne joue chez le bon plongeur que partiellement et d'une manière tardive. La preuve en est rapportée par M. de Varigny lui-même, qui cite le cas des « plongeurs de l'archipel qui, dans leurs plongeons après les éponges, sont souvent exposés à la submersion : ils parlent parfois de ce qu'ils appellent des *coliques du cœur* et désignent par là une sensation pénible qui se produit dans la région cardiaque lorsqu'ils sont près d'être noyés ».

Si l'exemple des pêcheurs d'éponges est typique quant à l'expérience du plongeon, il ne saurait, par contre, être invoqué, quant au milieu, car ces plongeurs émérites descendent souvent à des profondeurs assez grandes et subissent de ce fait des différences de pression qui, à elles seules, justifieraient de pénibles sensations.

Le noyé banal, au contraire, ne va presque jamais au fond. La plupart du temps, ses vêtements remplis d'air s'y opposent. Même s'il est nu, la densité du corps est telle que celui-ci ne s'enfonce pas profondément. Bien souvent, l'espèce de vertige qui s'empare du cerveau au cours de la submersion donne au rescapé l'impression qu'il est descendu au fond de la mer ou de la rivière, alors qu'en réalité, il est parfois à peine à quelques centimètres au-dessous de la surface de l'eau.

Il y a effectivement d'autres circonstances, assez peu fréquentes, où la noyade s'accompagne de souffrances *au début* ; c'est dans les cas de submersion par l'eau salée. En principe, la glotte fait son office et s'oppose totalement à l'introduction du liquide dans les poumons. Il arrive cependant que le spasme de la glotte ne soit que partiel ou tardif. Deux ou trois gorgées d'eau de mer pénètrent alors dans l'arbre respiratoire. La douleur peut être fort vive, non constante ; il y a une « sensation déchirante et brûlante » mais qui, si le noyé n'est pas secouru, va s'affaiblissant peu à peu, tandis que le processus normal de l'asphyxie s'établit et endort définitivement toute douleur.

* * *

Avant de commencer à citer quelques cas récents, nous allons examiner de près un cas personnel où il n'y eut pas submersion mais simple impression d'un danger très grand de noyade. Nous le transcrivons en copiant purement et simplement une note du moment.

« Juillet 1924. Au bord de la Vienne, à la Belle-Isle de Briançon. En voulant décrocher un hameçon au pied d'une berge escarpée, je glisse et tombe à l'eau debout, face à la rive. Je m'agrippe à de maigres herbes de mon mieux.

« J'étais dans un endroit dangereux et profond. De fréquents sondages de pêche me l'avaient révélé comme ayant trois à cinq mètres. Pas de courant. Mais un pullulement de souches mortes et de racines sous-aquatiques qui m'eût empêché de nager si, à ce moment-là, j'avais su. Je n'avais que la moitié du corps immergée. Je sentais tout le péril et calculais déjà le moment où mes bras seraient à bout de forces. Un de mes camarades de pêche, qui se trouvait là, se plaça derrière un arbre dont le tronc était distant de deux mètres de moi. Il me tendit un morceau de sa canne, et je réussis à en saisir l'extrémité. Mais mes pieds ne rencontraient aucune prise sous la berge évidée par les crues. C'est à ce moment que mes forces, au lieu de s'épuiser, furent exactement à la hauteur de leur tâche. M'aidant de la canne et de ronces courtes, je réussis à me hisser, puis à placer le côté de mes semelles sur l'escarpement presque vertical. Un moment après, j'étais sur le pré, très pâle et très volubile. Alors mon cœur se mit à battre à grands coups. »

Deux constatations intéressantes sont à tirer de cela : la première, c'est que, dans les instants dramatiques de notre existence, nous sommes en proie à une sorte d'éréthisme, qui modifie complètement nos réactions physiques ou mentales et décuple nos possibilités ; la seconde, c'est qu'il se produit une abolition, au moins partielle, du sentiment de la douleur, due vraisemblablement à certaines sécrétions endocriniennes. Dans le cas qui nous occupe, le sujet avait trouvé dans la surexcitation nerveuse l'énergie physique de se soustraire au danger dans des conditions que la *logique* et l'examen ultérieur des lieux ne lui ont pas permis d'établir. Et, en outre, il a dû obligatoirement s'aider de rejets de ronce aux épines acérées, comme en témoigna par la suite l'état de ses mains, *mais sans avoir, durant qu'il les saisissait frénétiquement à poignée, éprouvé la moindre douleur.*

Cela dit, qui prouve à quel point, dans les circonstances tragiques, nos sensations peuvent être adultérées, voici le témoignage d'un de nos anciens collaborateurs, M. Georges Avrillé :

« Cela se passait durant l'été de 1920. Je me trouvais en vacances dans le Morbihan et, au cours d'une baignade en mer, je m'avisai de traverser à la nage un des bras de la petite mer aux cent îles. J'étais seul, en excellente condition physique et sans l'ombre de pressentiment. Arrivé au tiers à peu près du chenal en question, j'eus soudain une crampe de la jambe droite et presque aussitôt une autre crampe me paralysa le bras du même côté. Sans désemparer je coulai. Je n'eus le temps ni de m'affoler ni de réfléchir. Je fus sous l'eau dans la même seconde. A quelle profondeur descendis-je ? Quelques centimètres ? Quelques mètres ? Je l'ignore. D'après certaines déductions ultérieures, il me semble que je ne coulai pas profondément. A ce stade significatif je n'éprouvai pas la plus petite impression de crainte. Je voudrais bien pouvoir vous dire que j'eus le réflexe classique et qu'en l'espace de rien toute mon existence se représenta devant moi. Mais je n'éprouvai rien de tel. Je me rendis compte seulement de ce qui se passait puisque je me dis en moi-même : " C'en est fait, je coule... " Et il n'y avait dans cette constatation ni angoisse ni horreur... Je n'eus pas l'impression de l'eau qui entre par le nez, ni celle de la suffocation. Au contraire, dès l'abord, une sorte de vrombissement musical m'entoura. J'eus l'impression d'être au centre d'une immense giration, agréable et fluide. Et je devins de plus en plus léger et immatériel jusqu'au moment où je me retrouvai soudain à la surface, me débattant de mes quatre membres sur les eaux. Il me fallut un instant pour " réaliser " la situation. De toute évidence, ma " bête " avait fait instinctivement le nécessaire. Je compris que j'étais sauvé, et ma première pensée fut celle-ci : Quel dommage ! je me sentais si bien ! »

M'entretenant du même sujet, le 2 décembre 1933 avec le romancier A. t'Serstevens, celui-ci me raconta que, se baignant en 1931 à la piscine Molitor, la jeune femme qu'il accompagnait « barbotta » et s'accrocha à lui, de sorte qu'ils coulèrent ensemble.

Voici les sensations notées par t'Serstevens, et que je reproduis textuellement :

« Pas de crainte... Un abandon... Un tournoiement très doux et de couleur orange. »

En l'espèce, il n'y eut cependant pas syncope, et cela prouve qu'il n'y a pas nécessairement souffrance chez les noyés « bleus ». En effet, un sursaut de vitalité et, peut-être, de conscience se produisit chez l'écrivain :

« Je ne me laisserai pas noyer ainsi ! » Et il se retrouva en surface avec la jeune femme qui, elle, avait sombré dans la syncope mais reprit connaissance presque aussitôt.

Ce témoignage est un des plus probants que je connaisse parce qu'il émane d'un observateur de haute qualité, au bel équilibre nerveux et musculaire et doué d'un sang-froid parfait.

De son côté, Mme Germaine Dermoz, la belle et célèbre interprète de la pièce d'André Josset, *Élisabeth, femme sans homme,* m'a entretenu du cas d'un de ses parents, victime, alors qu'il était enfant, d'un commencement d'asphyxie par noyade.

« Angoisse liminaire, assurait celui-ci, puis aise générale. »

Et c'est exactement l'impression que, plus tard, ressentit son frère, intoxiqué par l'oxyde de carbone.

Il y aurait donc parité de sensation.

J'ai recueilli le très intéressant et très complet témoignage de M. le capitaine C..., demeurant à C.-sur-S., qui m'avait été signalé par le commandant Stéfani, mais qui désire garder l'anonymat dans notre enquête.

C.-sur-S., le 8 décembre 1933

« Monsieur,

« Je réponds bien volontiers à votre lettre, mais les faits dont je puis vous entretenir sont déjà bien lointains (25 ans) et, quoiqu'ils aient frappé mon esprit d'une façon indélébile, certains détails s'estompent un peu dans ma mémoire, couverts en partie par d'autres drames plus récents (guerre 1914-18). Néanmoins voici le récit, peut-être incomplet, mais en tout cas exact, de cette aventure :

« Avec plusieurs jeunes gens de mon âge (18 ans), je me baignais dans le canal de Bourgogne. Notre bain durait depuis un certain temps (une heure au moins), et je commençais à ressentir quelque fatigue, d'autant plus que, pour " épater " la galerie, assez nombreuse, nous nous étions livrés à quelques acrobaties. Soudain, au beau milieu du canal et sans que rien ne me le fasse pressentir, mes membres me refusent tout service, et je coule lentement sans avoir pu pousser un seul cri. Bien qu'ayant plongé plusieurs fois, la sensation éprouvée par cette submersion m'affole. L'eau me bourdonne aux oreilles avec un bruit formidable, *je ne ressens et ne ressentirai aucune douleur physique,* mais une douleur morale atroce. Comme devant un écran de cinéma, mais avec une rapidité et une netteté incroyables, je vois défiler ma courte vie depuis ma plus tendre enfance. J'aperçois avec un sens aigu des réalités la douleur de mes parents, de mes frères et sœurs, je crois bien en même temps faire un examen de conscience. Brochant sur ces sujets, je me désespère en pensant que mes camarades, me croyant en train de " m'amuser ", ne vont rien tenter pour mon sauvetage, ce qui était parfaitement exact.

« Toutes ces réflexions ne durèrent que le temps pendant lequel je pus retenir ma respiration. Au moment où je fus dans l'obligation de faire une aspiration, j'eus l'impression de pousser un grand cri et de me débattre, l'eau s'engouffra dans mes poumons (2) ; ce fut le moment le plus pénible, mais il fut extrêmement court. Aussitôt après, je perdis partiellement connaissance ; je dis partiellement, car il me souvient très bien *d'avoir éprouvé une sensation de bien-être comparable à un sommeil léger ; j'avais l'impression d'être bercé doucement, et toute souffrance morale avait disparu ;* la perte de conscience était totale, mais il subsistait un peu de sensibilité. En tout cas, comme pour le premier stade, aucune douleur physique. Combien de temps dura cette sensation avant de passer à l'évanouissement total, je l'ignore, mais il ne doit certainement pas dépasser dix secondes.

« Retiré après une immersion d'une minute et demie environ, je ne garde aucun souvenir de cet acte. Je ne repris mes sens que 20 minutes environ après mon sauvetage et sous l'effet de soins adéquats donnés par un médecin qui se trouvait sur place (frictions et respiration artificielle). J'ajoute que, du fait de la congestion pulmonaire (3), je crachai le sang pendant deux jours, sans grande douleur physique.

« Voilà, monsieur, tout ce que je puis vous dire au sujet de cet accident qui faillit terminer mon existence à 18 ans.

« CAPITAINE C... »

---

2. Sensation probablement inexacte, le spasme de la glotte s'y opposant. Il s'agit, sans doute, d'une involontaire déglutition.

3. On voit qu'il s'agit bien d'un noyé « bleu » et non d'un noyé syncopal.

Nous répétons que le plongeur émérite doit souffrir, au moins moralement, quand il se noie (pierre aux pieds, lianes nageantes, pieuvre, noyé accroché à lui, etc.), parce qu'il peut lutter ; que l'ambiance lui est familière et qu'il a longtemps conscience. Dès qu'il est au bout de son souffle et qu'il est dans l'obligation de respirer, il retombe (mais alors seulement) dans le sort commun, et le processus asphyxique anesthésiant se déroule comme pour les autres. Là aussi la connaissance est funeste. Moins on est habile, plus on meurt avec simplicité.

Le grand-duc Cyrille de Russie, celui-là même qui représenta au mariage du duc de Kent l'ex-famille impériale des Romanoff, faillit être noyé au cours de la guerre russo-japonaise.

En compagnie du dessinateur Verestchaguine, qui prenait de loin divers croquis de la flotte nipponne, il se trouvait à bord du cuirassé Petropavlowsk, battant pavillon de l'amiral Makaroff. Le vaisseau heurta une mine japonaise qui explosa à grand bruit, et le cuirassé coula en cinq minutes.

Le grand-duc Cyrille note de la façon suivante ses premières impressions :

« Le bruit terrifiant de l'eau et l'obscurité complète me bouleversèrent. Je sentis que j'allais droit à la mort. Je fis le signe de la croix et me mis à prier. Il me semblait que mon dernier moment était venu, car il devenait impossible de respirer. »

Néanmoins, et bien qu'entraîné par le remous, il réussit à se dégager et à remonter à la surface. Mais il ne semble avoir conservé aucun souvenir physique (agréable ou désagréable) de la période durant laquelle il est resté sous l'eau.

Henry de Monfreid a raconté en 1936 dans *Paris-Soir* l'accident qui lui était survenu en mars de la même année, alors que, croisant aux portes de l'Abyssinie, il fut surpris par la tempête dans les dangereux parages d'Eïd à Chab-Chak, à bord d'une simple embarcation.

« A vingt mètres de la muraille rocheuse, un remous fait dévier la barque ; la vague qui nous poursuit arrive, menaçante.

« — Moussa ! clament mes hommes.

« Et je vois la masse liquide nous surplomber ; elle prend l'embarcation par travers arrière et la pousse en avant comme un fétu de paille. Aly et moi, cramponnés à la barre, luttons pour l'empêcher de venir davantage par le travers. Elle file en flèche, ouvrant l'eau comme si elle allait plonger et se couche sur babord ; mais sa vitesse est telle que l'eau rejetée avec force monte à plus d'un mètre au-dessus du plat-bord sans retomber à l'intérieur. La vague passe et nous laisse ahuris de nous trouver encore flottants.

« — Moussa, c'est la seconde vague !

« Cette fois je sens la catastrophe ! Nous n'avons pas eu le temps de redresser la barque, le vent a brusquement molli...

« La vague nous prend par le travers et, comme pour la première fois, nous pousse en avant. Une fraction de seconde, cette pauvre coque où tant de choses sont blotties, ces minces planches semblent lutter... La voile se plaque au mât comme si un vent fatal la prenait à revers. " Allah an Karim ! " et je me sens enlevé par la masse liquide qui engloutit tout.

« *J'ai cessé de penser, de craindre, d'avoir peur ; je suis l'animal qui obéit à des instincts. Je me fiche de tout, de la barque, des autres, du Lépreux ; un brusque détachement me libère de toute angoisse...*

« Mes trois hommes émergent, points noirs dans l'écume, et tous nous nageons vers le mouillage où nous espérions, il y a un instant, trouver un refuge ! Heureusement un violent courant nous porte ; l'îlot est tout de suite doublé et la ligne d'écueils apparaît sous des avalanches d'écume dans le tonnerre de la tempête brusquement brisée sur les roches.

« J'ai la crainte d'être rejeté loin et emporté en haute mer, mais au contraire le courant porte sur ce récif.

« Aly, près de moi, veut me soutenir, craignant que je faiblisse, mais sous le fouet du danger, je ne sens aucune fatigue. Cela ne veut pas dire qu'elle n'existe pas ; on en a pas conscience, voilà tout, *comme on ne ressent pas la douleur d'une blessure dans le combat*. C'est là le danger. La force vous abandonne brusquement quand la limite de résistance est atteinte. *Grâce d'état de la nature qui supprime l'angoisse et fait entrer dans la mort très simplement.*

« Dabino a pris pied sur une profondeur de 0,60 m mais par moment la houle le submerge. Enfin, contre l'îlot une sorte de banquette nous permet d'être hors de la mer.

« *Là, j'ai dû m'évanouir, car je n'ai pas conscience de ce qui s'est passé pendant quelques minutes.* J'ai repris le fil de mes idées au moment où Aly et Bourham se lancèrent à la nage vers la barque retournée amenée là, elle aussi, par le courant. »

### b) Théorie scientifique de l'asphyxie par noyade

Dans la revue *l'Éducation physique* (4), M. le commandant Stéfani a consacré une très remarquable étude aux asphyxies accidentelles qui, d'après lui, font en moyenne et pour la France, 10 000 victimes par an. Le commandant Stéfani s'est inspiré des expériences et des travaux de son collègue et ami, le docteur Cot, ancien médecin-chef des sapeurs-pompiers de Paris (avec qui il collabora pendant six ans à la surveillance de l'éducation physique chez les sapeurs de ce régiment d'élite), et qui a écrit, sur le sujet qui nous occupe « un important ouvrage (5), probablement le plus complet et le plus au point qui ait paru jusqu'à ce jour ».

Nous empruntons donc à ce résumé excellent les passages qui sont dans le cadre de notre livre.

« La plupart des noyés, écrit le commandant Stéfani, ont le visage congestionné, la peau violette, surtout aux lèvres et aux oreilles, les yeux ouverts avec un regard qui a l'air vivant ; la bouche est entrouverte, la langue projetée en avant ; un champignon de mousse blanchâtre sort des lèvres et des narines. Ce sont les noyés du *type bleu* dits " asphyxiques ", qualificatif dont nous verrons plus loin la justification.

« D'autres ont un aspect tout différent : leur visage n'est pas congestionné mais exsangue et d'un blanc mat et ils ne présentent aucune écume aux lèvres ni aux narines. Ce sont les noyés du *type blanc*, dits *" syncopés "* ou *" inhibés "*. »

---

4. N° 19, de juillet-octobre-novembre 1931.
5. *Les Asphyxies accidentelles* (Éditions Maloine).

### c) Noyés bleus ou asphyxiques

« Ce n'est pas l'irruption de l'eau dans le champ pulmonaire qui détermine la mort du noyé car aucun liquide ne peut pénétrer dans les voies respiratoires avant la phase d'agonie. Tout liquide, en effet, produit sur la muqueuse du larynx une excitation, provocatrice elle-même d'un spasme de la glotte, qui maintient celle-ci fermée, cependant que (le docteur Thooris l'a démontré) le relèvement du voile du palais interdit à l'eau la voie d'accès par les narines. D'autre part, l'homme ou l'animal qui se noie arrête d'abord instinctivement sa respiration pendant quelques secondes ; puis les mouvements du diaphragme et des muscles intercostaux ont pour conséquence une expiration forcée, qui suffirait à elle seule à empêcher l'entrée de tout liquide dans la trachée.

« On constate en même temps des troubles circulatoires d'origine non pas cardiaque, mais périphérique, dus vraisemblablement à un spasme artériel qui chasse le sang dans le système capillaire et veineux, surtout dans les régions cérébrale et pulmonaire.

« C'est alors que, le gaz carbonique en excès excitant énergiquement le centre respiratoire bulbaire, les mouvements respiratoires arrêtés jusqu'ici reprennent brusquement ; il se produit une augmentation subite du volume de la poitrine, qui crée une aspiration thoracique brutale et une forte diminution de pression dans le poumon. Comme la glotte est maintenue obstinément fermée, l'air ni l'eau ne peuvent être introduits ; et c'est le sang de l'artère et des capillaires pulmonaires dilatés qui est aspiré à travers la paroi de ces vaisseaux. Il fuse brusquement dans le poumon où il est brassé avec l'air résiduel alvéolaire. C'est lui qui forme cette écume mousseuse qui recouvre d'un tapis continu tout l'arbre pulmonaire et que l'on retrouve aux lèvres et aux narines du noyé bleu. Il s'établit ainsi une congestion, ou plutôt un œdème suraigu du poumon qui commande le mécanisme de la mort par submersion (6).

---

6. Contrairement à ce qu'on pourrait croire, cet appel brusque du sang dans les alvéoles des poumons n'est pas douloureux (voir le cas typique d'un noyé *bleu*, le capitaine C..., qui, *à aucun moment, n'a ressenti de douleur physique*).

« Il faut rattacher à la même cause — à l'œdème pulmonaire — les morts par congestion à l'occasion d'une baignade, soit que la victime coule à pic, soit qu'elle meure d'une mort retardée au bout d'un ou de plusieurs jours. Le choc de l'eau sur la muqueuse du larynx provoque la fermeture de la glotte ; et le processus que nous venons de décrire se déroule plus ou moins rapidement selon l'état lésionnel plus ou moins avancé du cœur gauche ou de l'aorte, état qui paraît indispensable pour que se produise dans ce cas la congestion. »

### d) Noyés blancs, syncopés ou inhibés

« Ceux-ci ne présentent pas de lésion pulmonaire ni cardiaque. Ils sont victimes d'un réflexe syncopal, dû ici au contact de l'eau, mais qui pourrait être produit en n'importe quel lieu, sous l'action de tout autre choc émotionnel ou physique. Ce réflexe crée une inhibition brutale de l'automatisme cardiaque dont le mécanisme est le suivant : les veines se vident en grande partie, déchargeant leur contenu dans les vastes territoires capillaires (surtout dans la région abdominale et portale), sorte de marais où s'accumule le sang. Le sang n'arrive plus au cœur droit en quantité suffisante pour que la petite circulation puisse alimenter le cœur gauche. Celui-ci cesse alors son action de pompe foulante ; il s'arrête. En même temps la déficience brusque qui se produit dans la circulation cervicale provoque la perte de connaissance. »

## 2. Les électrocutés

On trouve peu d'exemples d'électrocutions dans le livre de M. de Varigny. Celui-ci se contente de rapporter l'observation du grand physicien André Broca, électrocuté en 1901, au cours d'essais concernant les courants de haute fréquence :

« A. Broca tenait en mains les fils du secondaire d'une bobine de Rhumkorff excitée par l'alternatif du réseau (42 périodes, 110 volts) ; l'allumage de l'arc se faisant à six centimètres d'espace. Tétanos musculaire violent ; essais infructueux pour lâcher prise.

Angoisse : “C’est du courant alternatif, mon cœur va s’arrêter.” Il perd connaissance. Le préparateur coupe le circuit, et peu à peu, la connaissance étant revenue aussitôt les choses rentrent dans l’ordre. A. Broca le note expressément : il n’a souvenir d’aucune douleur. »

La conclusion de M. de Varigny est celle-ci, en ce qui concerne la foudre météorologique :

« Les probabilités sont que lorsqu’ils (les électrocutés) en meurent, c’est aussi dans l’inconscience. Ce qu’il y a de douloureux, c’est sans doute la contraction spasmodique, le tétanos musculaire. »

Là encore l’apparence joue un grand rôle et la plupart des victimes accusent seulement une sensation de fracas, de chaleur extrême et de pression.

Les témoignages d’électrocutés industriels sont légion, depuis celui qui a reçu une simple chiquenaude électrique jusqu’à celui qui a été foudroyé par un choc considérable.

Il nous suffira de reproduire un témoignage type, de gravité moyenne.

Ce qui suit nous a été rapporté par la victime elle-même, M. F..., qui dirigeait un restaurant très connu sur les grands boulevards de Paris.

Cela se passait en juillet 1935. M. F..., s’étant aperçu qu’un ventilateur fixé au plafond d’une de ses salles fonctionnait anormalement, décida de le vérifier lui-même et se fit apporter une échelle double. Il gravit les échelons jusqu’à l’appareil après avoir coupé ou cru couper le courant de 220 volts.

A peine avait-il posé la main sur le ventilateur (à 4,50 m de haut) qu’une décharge le précipita brutalement sur le ciment de toute la hauteur de l’échelle. Les témoins de la chute n’eurent pas le temps matériel d’intervenir. M. F... est de grande taille. C’est dire qu’il s’abattit sur le sol d’une seule masse. Comme il ne bougeait plus, on le crut irrémédiablement foudroyé.

Or, que ressentit la victime durant son électrocution et sa chute ? M. F... le dit volontiers lui-même :

« Je me suis senti comme happé par une force irrésistible. Dans la seconde même, j’ai vu une grande lueur rosée et des quantités de petits cercles qui allaient se rapetissant... Et j’entendais comme des sons musicaux... J'avais l'impression de me trouver dans un autre monde ou, plus exactement, sur un autre plan. »

Au cours d'une conversation, M. F... nous a précisé que cet état de conscience l'avait empêché durant toute cette aventure de ressentir le moindre choc. Il n'éprouva ni crainte ni douleur. Et pourtant, il garde à la main la trace d'une brûlure profonde. « Lorsque, dit-il, je commençai à reprendre mes sens, j'eus l'impression que j'étais très bien là où j'étais... »

## 3. Les intoxiqués par les gaz

### a) Quelques observations

La mort par asphyxie due à l'absorption des gaz présente, dès que l'asphyxie commence, les mêmes caractères que les autres morts par asphyxie. Seuls les prodromes en diffèrent en ce qu'ils n'ont pas l'allure de choc et d'instantanéité de ceux de la noyade ou de l'électrocution.

L'invasion interne classique par les gaz est celle de l'oxyde de carbone. Elle se fait progressivement, en général du moins, car nous allons indiquer des exemples où l'invasion peut être massive. On lui voit prendre alors une marche insidieuse, accompagnée de malaises initiaux plus ou moins grands. Il y a des tendances à la nausée, parfois même des vomissements, mais dont la victime n'est pas toujours consciente, des maux de tête, en un mot la plupart des symptômes d'une banale indigestion. Mais tandis que celle-ci se poursuit avec des sensations aggravées, en plein contrôle de l'intelligence, dans l'asphyxie par les gaz l'inconscience survient subtilement. Les dernières phases sont donc, une fois de plus, enrobées dans un espèce de sommeil d'abord vertigineux puis insensible.

Cette règle est magistralement confirmée par les plus connues de ses exceptions.

Il existe, en effet, deux cas d'observation classique d'asphyxie par l'oxyde de carbone. Le premier est celui de l'ouvrier Deal, le second celui du docteur Motet.

Deal, ayant allumé son réchaud à 10 h 15, note ainsi ses impressions, d'après M. de Varigny :

« 10 h 30, une vapeur épaisse se répand peu à peu dans ma chambre ; ma chandelle paraît près de s'éteindre ; je commence à avoir un violent mal de tête ; mes yeux se remplissent de larmes ; je ressens un malaise général ; le pouls est agité ; 10 h 40, ma chandelle s'est éteinte, ma lampe brûle encore, les tempes me battent comme si les veines voulaient se rompre ; j'ai envie de dormir, je souffre horriblement de l'estomac, le pouls donne 80 pulsations ; 10 h 50, j'étouffe ; des idées étranges se présentent à mon esprit, je puis à peine respirer, je n'irai pas loin... J'ai des symptômes de folie... ; 10 h 60 (sic), je ne puis presque plus écrire, ma vue se trouble, ma lampe s'éteint... je ne croyais pas qu'on dût souffrir autant pour mourir... 10 h 62 (quelques caractères illisibles). »

Cette observation accompagnée de souffrance ne se rapporte pas à un cas d'asphyxie accidentelle, mais à un cas *d'asphyxie provoquée*, avec le sentiment d'attente, *le désordre moral du suicide* et l'hyperexcitation mentale résultant du fait même de l'auto-observation. En l'espèce, Deal introduit l'intelligence dans le phénomène de la mort, il en contrarie l'harmonie. A l'ordre naturel, il substitue son ordre arbitraire et le déroulement d'un processus artificiel. Il souffre donc spécialement de contrevenir à une loi automatique et ne parvient d'ailleurs pas à se soustraire plus que les autres à l'euthanasie finale lorsque le torrent de la mort emporte sa conscience comme un fétu.

Le cas du docteur Motet est beaucoup plus intéressant, en ce sens que l'intoxication fut involontaire. Ce praticien était entré dans une voiture close où brûlait une chaufferette depuis longtemps. Il ne remarqua d'abord rien d'anormal puis :

« Tout à coup, avec une violence inouïe, j'eus la sensation de deux coups portés sur les oreilles et un tintement d'une vibration aiguë, intense, suivie, puis ma tête fut projetée contre les parois de la voiture. Ce fut un éclair et j'eus conscience de la cause du malaise que j'éprouvais, puisque j'étendis la main droite, je baissai la glace et instinctivement je présentai la tête à la portière. C'est là mon dernier souvenir précis, il y a dans mon esprit une lacune ; je ne sais pas comment je suis arrivé place de la Bourse et je me retrouve au moment où la voiture s'arrête à l'adresse que j'avais donnée. »

On voit qu'il n'y a vraiment rien d'extraordinaire dans l'impression auditive et tactile que le docteur Motet a éprouvée. Il nous arrive tous les jours de noter des bruits semblables et de ressentir des chocs équivalents. Mais comme ils ne se rattachent pas au péril de mort, nous n'éprouvons pas le besoin de dramatiser un coup de fusil, l'éclatement d'un pneu, les coups de foudre et même les parasites de radio, toutes choses dont la vibration est *aiguë, intense*, mais dont l'usage, l'habitude font des incidents banals.

Par contre : « Il y a béatitude, écrit Roubaud, dans la mort par l'oxyde de carbone. » L'abbé Fontanes raconta de son côté à Desgenettes qu'il ressentit plus de volupté que de souffrance durant la léthargie qui suivit son intoxication.

Lorsque le gaz de houille ou l'oxyde de carbone n'existent dans l'air qu'à l'état de faible dilution, les malaises s'établissent plus sournoisement et même, dans les cas bénins, sont indécelables.

Lorsque, au contraire, leur densité est grande, ils amènent la disparition de la conscience normale aussi brutalement que dans l'asphyxie par submersion.

Le commandant Stéfani a cité, après d'autres, le cas de l'incendie de l'Opéra-Comique où on trouva dans la buvette 27 cadavres absolument intacts et dans la position où la mort les avait surpris. Ni leur épiderme, ni leurs vêtements, même les plus légers, n'avaient subi la moindre brûlure. Aucune des personnes mortes n'avait, semblait-il, tenté de fuir. L'inhibition ou l'oxyde de carbone, peut-être les deux, les avaient clouées à leur place.

Un autre exemple classique célèbre est celui de l'ensevelissement de Pompéi. Si la pluie de cendres du Vésuve n'avait opéré que mécaniquement et par son poids, l'asphyxie aurait été lente à se produire dans l'intérieur des maisons et on aurait trouvé les cadavres dans les positions d'angoisses les plus diverses.

Or, les fouilles entreprises notamment au cours des cinquante dernières années et qui ont mis à jour les habitations de plusieurs quartiers, ont permis de retrouver, sous une épaisseur de 6 à 10 mètres de cendre volcanique et de lave, des cadavres innombrables généralement groupés et dans l'attitude même qu'ils avaient au moment de la mort. Ceux qui participent aux fouilles sont frappés par l'extraordinaire état de conservation de ces morts romains, au moment où on les retrouve, mais leur substance se détériore rapidement au contact de l'air extérieur.

Leurs postures, leurs physionomies attestent que les Pompéiens n'ont pâti que de souffrance morale. La nappe d'oxyde de carbone qui accompagnait la pluie de cendres brûlantes entra, dès le début de l'éruption, dans l'intérieur des maisons aux baies ouvertes et figea instantanément la vie chez des dizaines de milliers d'êtres à la fois.

Pline l'Ancien, commandant de la flotte de Misène, qui observait le phénomène à bord de son bateau, périt, lui aussi à son débarquement, intoxiqué par les gaz dont la nappe s'étendait sur la mer environnante.

Exemple fameux de la mort collective et indolore qu'on retrouve avec des variantes dans la catastrophe moderne de la montagne Pelée.

Il en est de même dans les cas fréquents de mort par le gaz carbonique (cuves de vendange, fosses d'aisance). L'homme se penche. A peine a-t-il le visage dans la nappe carbonique qu'il bascule, foudroyé. Des témoins viennent à son secours, *qui n'ignorent rien de la cause de l'asphyxie et sont accoutumés professionnellement à ses traîtrises*. Ils sont résolus, en portant secours à leur camarade, à éviter l'aspiration fatale qui paralyse d'un bloc. Mais il suffit d'une demi-seconde d'inattention, au moment où l'effort de soulever l'accidenté exige un effort d'aspiration supplémentaire, pour qu'une deuxième victime rejoigne la première, tous centres nerveux abolis.

On a vu périr ainsi, et successivement, trois, quatre, cinq personnes, tellement la subtilité du poison gazeux est grande et tant est puissante son efficacité.

De telles morts sont évidemment et essentiellement indolores puisqu'elles débutent par l'asphyxie totale, qui est d'habitude une terminaison.

Nous ne citerons ici que pour mémoire les expériences faites en 1799, sur lui-même, par Humphry Davy au moyen du protoxyde d'azote, dit gaz hilarant.

« Le sens du toucher devint exquis dans tous mes membres. La vision se fit délicieuse, j'entendis tous les bruits autour de moi et j'avais conscience de tout. Mon plaisir allait croissant. Je perdis tout contact avec la terre. De suaves et souples images passaient rapidement devant mes yeux. Elles étaient escortées de mots inouïs et d'impressions toutes neuves. J'étais dans un univers à part.

« Tandis que je découvrais avec ravissement mon nouvel état, le docteur King Clare m'ôta le bâillon du visage. En me retrouvant avec mon entourage, j'éprouvai un grand orgueil ; mes pensées étaient sublimes et, durant quelques instants, je parcourus la chambre, insoucieux des propos des autres. Puis, je m'écriai, plein de foi et d'extase : — Il n 'y a rien au monde que la pensée. L'univers n'est formé que d'idées, d'impressions, de douleurs et de plaisirs. »

Dans son article de *Candide*, du 14 mars 1935, M. René Jolivet raconte son entrevue avec une concierge, Mme veuve Michel, qui faillit succomber à une intoxication par le gaz d'éclairage et ne fut sauvée de l'asphyxie que grâce à un voisin dont le sens olfactif était développé.

« — Quelle sensation avez-vous éprouvée ? demande le reporter.

— Oh ! un malaise... puis rien. Je me suis réveillée à votre hôpital. »

D'autre part, voici comment un ingénieur d'une compagnie minière décrivait, en 1935, au romancier Pierre Hamp, l'intoxication par le grisou, nom significatif donné à l'oxyde de carbone par les mineurs :

« J'ai longuement étudié les effets de l'oxyde de carbone sur l'organisme humain. Il est inodore, son passage dans les voies respiratoires se révèle d'abord par une douleur frontale qui percute horizontalement d'une tempe à l'autre ; tant qu'on n'éprouve que cette barre, on peut persister dans l'atmosphère méphitique. Si la douleur passe derrière la tête et frappe le cervelet, mieux vaut venir respirer de l'air pur, car si vous attendez que le phénomène atteigne les jambes et vous rende vacillant, vous risquez d'être immobilisé dans la zone empoisonnée. Quand les genoux tremblent, c'est que toute la circulation est prise et que votre moteur d'articulation va s'arrêter. »

## b) Le mécanisme de l'asphyxie

Revenons à nos savants commentateurs de l'asphyxie sous toutes ses formes : MM. le docteur Pierre Cot et le commandant Stéfani. Leurs remarquables et précises observations jettent une lumière très vive sur le mécanisme de l'asphyxie.

« Toute intoxication, en dernière analyse, se ramène à une asphyxie, c'est-à-dire à une privation d'oxygène, écrit le commandant Stéfani...

« L'expérience prouve que la plupart des intoxications sont dues à l'oxyde de carbone dont les sources naturelles ou artificielles sont nombreuses dans la nature. Aussi nous occuperons-nous seulement de lui. Les troubles causés par les autres gaz, *y compris le gaz de guerre*, peuvent d'ailleurs se ramener, en définitive, à ceux de l'oxyde de carbone. »

Et l'auteur rappelle le cas d'asphyxie collective du 30 mai 1922, sous le tunnel de Mornay, où on découvrit morts sept agents sur huit, dans un train demeuré en détresse.

Le docteur Cot a, de son côté, rappelé divers exemples de la guerre 1914-1918 et ce « rallye de 1924 où, sur 20 jeunes gens transportés dans une voiture de livraison, munie d'un moteur Ford dont l'échappement était défectueux, onze étaient évanouis, tandis qu'on était réduit à constater le décès du douzième ».

De même au centre d'aviation d'Istres, le médecin-capitaine Flamme a noté, à plusieurs reprises, « la présence d'oxyde de carbone dans la carlingue des avions à l'emplacement qu'occupe le pilote ». Ainsi peuvent être expliqués tels accidents mystérieux de l'aviation.

« Dans beaucoup de cas, déclare le commandant Stéfani, l'intoxication est graduelle et les premiers symptômes se manifestent dès que le tiers environ de l'hémoglobine a été atteint. C'est d'abord un vague malaise, puis un violent mal à la tête avec sensation de casque, douleurs lancinantes et battements violents aux tempes. Les vertiges y succèdent avec bourdonnements d'oreille, les hallucinations et une *tendance progressive et invincible* au sommeil. Les muscles perdent peu à peu leur puissance, surtout les extenseurs des jambes, ce qui explique que bien des victimes, qui veulent fuir parce qu'elles ont pris conscience du danger, tombent inanimées à proximité d'une fenêtre ou d'une porte qu'elles n'ont pas su atteindre. »

Il existe d'autres sortes d'asphyxies dont nous n'avons pas parlé. Ce sont les asphyxies par manque d'air, telles que celles des scaphandriers ou des victimes d'éboulements suivis d'ensevelissement, ou encore des alpinistes enfouis sous l'avalanche. Il sera question de cette dernière forme de mort à la partie de chapitre qui a trait aux accidents de montagne, c'est-à-dire quelques pages plus loin.

Le *Miroir du Monde* du 17 février 1934 a reproduit *in extenso* les impressions du scaphandrier russe N. Solotovski, traduites par Mme Désirée Veuly.

On y relève le passage suivant qui donne une idée assez nette du mécanisme de ce genre d'asphyxie.

« Je me penche sur l'ancre en songeant au moyen de l'attacher. Mais j'ai oublié le ventilateur que ma tête n'a cessé de repousser. Il n'y a bientôt plus d'air ! Je saisis rapidement la corde d'appel que je tire quatre fois. Mais ce signal signifie exactement le contraire de ce que je désire, c'est-à-dire : "Pompez l'air plus doucement."

« Puis, perdant la tête, je tire à nouveau quatre fois sur la corde.

« Prêt d'étouffer, je m'écroule sur l'ancre. Des étoiles dansent devant mes yeux... Ma gorge se serre. Je vois un grand cercle rouge, puis un jaune, puis un bleu, immense, qui, tout à coup éclate.

« Je ne me souviens qu'obscurément de mon sauvetage. Je suis resté deux jours sans connaissance. Mais depuis, je me suis appliqué à savoir les signaux. »

Tous les lecteurs de faits divers ont encore présent à la

mémoire l'accident du Pecq où un grand mur de soutènement s'effondra sur des passants avec la masse de terre qu'il servait à contenir.

Le docteur Datès, médecin légiste, commis pour procéder à l'autopsie des cinq victimes, déclara à la presse à peu près ceci :

« M. Amédée Philippe avait un écrasement complet du thorax, un défoncement de l'abdomen avec éviscération totale ; *la mort a donc été instantanée.* J'ai relevé chez Mme Philippe une fracture du rocher, la bouche était remplie de terre, la mort a eu lieu par asphyxie mais l'étouffement a dû être extrêmement rapide.

« Chez l'enfant, il y avait enfoncement de la partie gauche de la tête avec petite fracture de la base du crâne. Pour le malheureux bébé, *la mort a dû être des plus rapides.*

« Chez Mlle Tellier, il faut noter un gros traumatisme, fracture du bassin, éclatement de la vessie, ecchymoses profondes de la cuisse droite et de la jambe gauche : *la mort a été instantanée.*

« Pour M. Raymond Bourdeau, *la mort fut immédiate* ; il avait une fracture du crâne, une fracture du bassin, une fracture de la cuisse gauche, de la jambe droite et l'écrasement de l'hémithorax droit. »

Nous n'avons cité cette déclaration dans son entier que parce qu'elle est un modèle de constatation médicale, basée uniquement sur le conformisme et l'apparence. La science anatomique de M. le docteur Datès n'est pas en cause. Tout ce qu'il a *constaté* est certainement exact. Il en est autrement de ce qu'il a *déduit* de ses constatations. Quand il dit : « La mort a donc été instantanée… la mort a dû être des plus rapides… la mort fut immédiate… », il avance une chose qu'il ignore. Nous croyons, contrairement à sa déduction, qu'un organisme victime d'un écrasement, ne *meurt* qu'après un temps plus ou moins long. Si étendu que soit le traumatisme et si grave que soit le ravage cellulaire, la vie n'en persiste pas moins pendant une période à déterminer. Tant que le cerveau n'a pas été profondément lésé, une certaine perception persiste, qui peut aller de la quasi-inconscience à la quasi-intégralité de la conscience. Mais, dans ce dernier cas, la *conscience est toujours d'un ordre anormal.*

La règle à peu près absolue est que les grandes lésions organiques causées par un brusque traumatisme sont, surtout quand il y a surprise, totalement indolores pendant un temps donné. Si la mort doit s'ensuivre à bref délai, elle survient avant que cette anesthésie partielle automatique se dissipe.

Ce qui est vraisemblable, c'est que la victime de l'éboulement, même si la conscience persiste, ne connaît plus très bien les limites de son corps. Tout au plus la sensibilité à la douleur physique peut-elle subsister dans les cas de lésion ou de compression de nerfs périphériques. Nous verrons, dans « *Morts de soldats* », que le même individu, gravement blessé en un point et à peine égratigné dans un autre, souffre parfois énormément de son égratignure alors qu'il ne se rend pas compte de la blessure sérieuse dont il est atteint.

En réalité, **ce qui impressionne le commun, c'est l'aspect tragique des blessures**. Écrasement du thorax, éclatement de la vessie, fractures multiples du squelette, autant de désordres tragiques dont l'aspect déforme jusqu'au jugement du médecin.

Rien ne permet mieux de vérifier le démenti donné aux apparences que le témoignage ci-après, rapporté tout au long dans la *Revue scientifique* de 1893.

## 4. Les impressions d'un enseveli

« En 1888, un anthropologiste, M. William K. Moorehead était occupé à surveiller des fouilles dans l'Ohio. Le savant s'étant approché seul au pied d'une muraille de terre meuble de 5 mètres de haut, fut enseveli sous un éboulement du volume de plusieurs charretées. Moorehead entendit le bruit, le craquement du sol ; il voulut se redresser pour voir. Il aperçut la terre qui lui arrivait dessus — et ce fut bref ; elle lui parut noire et il sentit la poussée de l'air. En tombant, la terre l'abattit sur le sol, en le rejetant en arrière de deux ou trois mètres et il reposait sur de la terre meuble, fraîchement remuée, la tête et les épaules un peu plus hautes que les pieds. Il souffrit peu et ce qui dominait était la sensation d'une compression très forte. Le poids de la terre enfonça en partie les boutons de son costume d'étoffe légère dans la peau ; sa chaîne de montre lui fit sur le côté du corps une tache rouge en creux. Sa montre pressait fortement son côté gauche, si fortement d'ailleurs que deux côtes en furent brisées. Il lui semblait que la peau de son front était coupée, mais c'était une illusion due à ce que la pression de la terre faisait pénétrer les tresses de son chapeau de paille dans les tissus de cette partie. Un couteau qu'il avait dans sa poche comprimait les chairs au point qu'elles semblaient brûlées par lui. Enfin la colonne vertébrale semblait se casser lentement. Cela ne dura que peu de temps et la douleur fit place à une insensibilité absolue. Cet état était plus favorable à la méditation assurément, mais celle-ci manquait de calme et de méthode. "Les pensées, dit l'intéressé, se succédaient comme des éclairs, elles avaient trait au passé, à l'avenir, au foyer domestique. Je ne pensais guère à la situation, excepté pour me demander si je pourrais respirer quand j'en sortirais."

« Moorehead essaya alors de mouvoir une main, impossible. Il ne put même pas mouvoir un doigt : " Un étau ne m'aurait pas plus complètement immobilisé ", dit-il. Respirer était hors de question, impossible de gonfler la poitrine ou de lui imprimer le moindre mouvement d'aspiration. Au contraire, le poids de la terre chassait l'air des poumons. " Je me rappelle, dit-il, combien la terre, devant mon visage, devint chaude, quand me fut arrachée ma dernière expiration. " La seule partie du corps de l'enseveli qui put être remuée était la mâchoire inférieure. En face du menton et de la bouche, il y avait une sorte de petite cavité entre deux morceaux d'argile irréguliers, juxtaposés et, dans cette cavité, Moorehead pouvait abaisser la mâchoire inférieure et ouvrir la bouche. C'était d'ailleurs une médiocre distraction, mais elle vint à manquer. Moorehead avait commencé par tenir sa bouche fermée pour éviter que la terre n'y entrât, mais après quelques secondes sa bouche s'ouvrit malgré lui et les deux morceaux d'argile s'étant effondrés, la terre s'y précipita. " Je me rappelle l'horrible sensation que j'éprouvai en essayant de chasser la terre et *la crainte d'étouffer* qui s'empara tout à coup de moi. Je sentis alors que j'étais perdu, mais je *n'eus pas peur et cela devint indifférent*. "

« Lorsque les ouvriers parvinrent à dégager M. Moorehead, il s'était écoulé un peu plus d'une minute. Une pelle heurta sa peau et il crut sentir un fer rouge au front. Puis, on dégagea de la terre sa bouche et ses yeux. Les ouvriers s'arrêtèrent à ce moment. "Le surveillant, raconte Moorehead, m'a dit par la suite que la pression à laquelle étaient soumises les parties encore ensevelies de mon corps était telle que le sang était chassé à la tête et les veines faisaient de telles saillies qu'il craignait de les voir éclater. " Le dégagement total terminé, Moorehead n'avait pas perdu connaissance. " Je me rappelle, comme ils me portaient, avoir vu un petit canari sauvage perché sur un chardon à peu de distance, je l'entendis chanter quand il s'envola. Le ciel me sembla avoir une couleur différente de celle qu'il avait d'ordinaire ; je fus impressionné par sa grandeur ; le paysage des environs était remarquablement beau, et comme j'observais tout cela j'en fus impressionné et je me mis à pleurer. "

« Les ouvriers *frottaient ses membres, à ce qu'il voyait, mais il ne sentait rien. Il y avait une anesthésie complète*, et "la paralysie partielle" dura quelques jours encore, mais le rétablissement fut total. »

## 5. Les enterrés vivants par erreur

Cela nous amène tout naturellement à examiner la question des personnes dont la mort est présumée et qui auraient été enterrées vivantes par erreur.

Le docteur Icard, de Marseille, aux travaux duquel nous avons déjà fait allusion et qui a passé de nombreuses années à étudier le phénomène de la mort apparente, a recueilli une quantité de documents destinés à justifier sa thèse, et c'est — dans un but exactement opposé au sien — les résultats de sa vaste et consciencieuse enquête que nous allons étudier ici.

Dans le dessein de mettre en garde le public contre la sépulture prématurée, le docteur Icard a recherché pendant quinze ans tous les témoignages se rapportant à des cas d'ensevelissement hâtif.

Notre intention, au contraire, est de nous servir du travail du docteur Icard pour montrer : a) Que les cas authentiques d'« enterrés vivants » sont extrêmement rares ; b) Que « la seconde mort », si l'on peut ainsi dire, des « enterrés vivants » est aussi aisée et simple pour la conscience que la mort des agonisants normaux.

« L'imagination, écrit le docteur Icard, reste frappée de terreur à la lecture des observations qui nous ont été laissées par de nombreux écrivains, dont les noms s'échelonnent depuis les temps les plus reculés jusqu'à nos jours. Il semble que les auteurs qui ont écrit sur la matière n'avaient qu'un but : porter l'épouvante dans l'esprit des lecteurs. Beaucoup d'observations résultent d'erreurs commises par des personnes étrangères à la médecine ; d'autres — et c'est le plus grand nombre — sont des observations que l'on peut qualifier, avec raison, de fantaisistes, de mensongères, de romanesques. La presse quotidienne se fait trop facilement l'écho de la rumeur publique et il suffit qu'il y ait eu le moindre doute, le plus souvent mal fondé, sur la réalité d'un décès pour que les journaux assurent le lendemain qu'une personne a failli être enterrée vivante, qu'elle s'est éveillée et s'est dressée spontanément sur son séant, juste au moment où on allait la mettre en bière : encore une heure et c'était une nouvelle victime ajoutée à tant d'autres ! Il nous faudrait plusieurs volumes si, les croyant exactes, nous voulions donner toutes les observations inédites qui nous ont été rapportées durant l'enquête entreprise par nous dans le but d'éclairer notre religion et de savoir à quoi nous en tenir sur la fréquence des inhumations précipitées. Pendant plus de quinze ans qu'a duré notre enquête, chaque fois que les journaux ont annoncé un cas de mort apparente — et le cas se renouvelle fréquemment — nous avons écrit régulièrement au maire, au curé ou à l'instituteur de la localité. A part quelques rares exceptions dont nous parlerons plus bas, la réponse nous apprenait que le cas était inexact. Les hommes de science eux-mêmes répètent un peu trop facilement de pareilles histoires ; ils acceptent, sans contrôle, des faits qu'ils donnent comme certains et qui le plus souvent n'ont aucun fondement : l'auteur qui a une thèse à soutenir accueille avec trop d'empressement l'argument qui lui est favorable sans trop se soucier de son origine. »

On a tenté d'établir des statistiques d'« enterrés vifs » dont la fausseté n'est même plus discutée. L'historique des « ensevelis vivants » s'est enrichie de toutes sortes de contes et de légendes et on voit par l'aveu du docteur Icard lui-même que, même dans les cas contemporains, une enquête un peu serrée suffit le plus souvent à en établir le néant.

Il reste donc une gerbe de témoignages authentiques assez mince, étant donné l'ampleur et la durée des recherches effectuées, et nous avons pu constater que, dans les deux tiers des morts apparentes établies, le retour à la vie avait eu lieu avant l'ensevelissement. Pour le dernier tiers, les constatations se rapportent pour une part aux ensevelissements incomplets, qui ont permis une aération du cercueil ou du linceul suffisante pour rendre complètement l'enseveli à la conscience et à la vie et, pour l'autre part, aux ensevelissements complets dont une exhumation ultérieure aurait établi le caractère prématuré.

Même dans ce dernier cas, l'enseveli est inconscient ou, du moins, sa conscience n'est pas normale. Si toute impression ou sensation ne lui est pas interdite, il se trouve dans un état analogue à celui du rêve, accompagné ou non de cauchemar.

Tourdes a étudié le problème de la respiration dans le cercueil avec une sérénité arithmétique :

« En évaluant, dit-il, à 200 et 220 décimètres cubes la capacité du cercueil, dont on retranche 80 décimètres pour le volume du corps, il reste environ 120 litres d'air, comme dernière provision accordée aux chances d'un réveil. La mort arrivera certainement avant que le quart de cette provision ne soit épuisé ; l'acide carbonique versé, la proportion décroissante de l'oxygène, la chaleur produite raréfiant l'atmosphère, la vapeur d'eau, les émanations animales, hâteront l'asphyxie. »

L'homme sain et en état de vie normale est-il qualifié pour juger impartialement des réactions de l'homme enseveli ? Poser la question, c'est la résoudre. Le sentiment d'horreur que l'ensevelissement prématuré cause à la plupart des créatures pensantes empêche celles-ci d'émettre une raisonnable opinion.

Qu'on veuille bien réfléchir à ceci. Un homme est présumé défunt, des suites d'un traumatisme ou d'une maladie. Du fait même que les battements du cœur et la respiration sont apparemment abolis, le faux mort n'est plus dans un état normal. Sa circulation, sa sensibilité sont au moins entrées dans une nouvelle phase. Un léthargique n'a pas de commune mesure avec un éveillé. Comment, dès lors, peut-on lui prêter les sentiments et les réactions que nous avons nous-mêmes en bonne santé et à l'état de veille ?

De deux choses l'une : ou bien « l'enterré vif » reprend conscience dans le cercueil et son impression est celle d'un dormeur entre deux sommes. Tandis que son esprit est sollicité par mille images confuses, l'asphyxie le berce et l'endort définitivement ; ou bien « l'enterré vif » demeure dans l'état inconscient et, par l'action du même processus asphyxique, passe d'une inconscience temporaire dans une inconscience définitive.

L'objection, souvent faite, de cadavres ou de squelettes retrouvés plus tard dans des postures anormales n'infirme en rien notre propos.

On connaît la désinvolture avec laquelle porteurs et fossoyeurs manipulent cercueils et bières surtout lorsque l'absence de surveillance favorise leur liberté indécente. Cela seul suffirait à expliquer les « retournements » de corps qui émeuvent les âmes sensibles. Mais nous estimons que la modification de la pose du cadavre peut parfaitement être due à l'enseveli lui-même, car nous ne contestons nullement qu'en cas de survie au seuil de la tombe, « l'enterré vivant » peut se débattre *en pleine inconscience* comme nous l'avons vu faire par l'agonisant.

Si dramatique que soit l'aspect extérieur de la mort, une bienheureuse loi l'adoucit pour le mourant au moyen de l'inévitable asphyxie, qui étend son vertige et son voile sur la fin de tous les mourants.

## 6. Collisions, chocs et divers

A qui n'est-il pas arrivé d'échanger des coups avec un autre, ne fut-ce que durant les années de collège ? On a pu remarquer que, sous l'effet de la colère, l'organisme physique est devenu partiellement insensible aux coups. Après la bataille, on est tout surpris de voir couler son sang et de constater des contusions ou des meurtrissures qui se révèlent à nous par le mécanisme de la souffrance.

Si la mobilisation du corps en péril avait été plus générale, si le tambour intérieur de : « La Patrie physiologique en danger ! » avait résonné plus impérieusement en nous, notre état d'éréthisme aurait été plus prononcé et plus soudain et nous en serions venu à une insensibilité extérieure complète. On en verra, par la suite, des exemples flagrants.

Tout le monde connaît le cas de Jean-Jacques Rousseau qui fut renversé, en octobre 1776, par un chien danois, alors qu'il venait d'herboriser dans les prairies et vignes qui séparaient le village de Ménilmontant du petit hameau de Charonne.

« Je ne sentis ni le coup, ni la chute, ni rien de ce qui s'ensuivit jusqu'au moment où je repris connaissance. La nuit s'avançait. J'aperçus le ciel, quelques étoiles et un peu de verdure. Cette première impression fut un moment délicieux. Je ne me sentais encore que par là. Je naissais dans cet instant à la vie et il me semblait que je remplissais de ma légère existence tous les objets que j'apercevais. Tout entier au moment présent je ne me souviens de rien ; je n'avais nulle notion distincte de mon individu ; pas la moindre idée de ce qui venait de m'arriver ; je ne savais ni qui j'étais, ni où j'étais ; je ne sentais ni mal, ni crainte, ni inquiétude. Je voyais couler mon sang comme j'aurais vu couler un ruisseau, sans songer seulement que ce sang m'appartînt en aucune sorte. Je sentais dans tout mon être un calme ravissant auquel, chaque fois que je me le rappelle, je ne trouve rien de comparable dans toute l'activité des plaisirs connus. »

Dans la thèse de V. Egger (*Revue philosophique* de 1896), on trouve l'observation suivante :

« L'enfant en danger peut ne pas voir le danger et la mort menaçante. »

Et il cite le cas du petit garçon tombant d'une hauteur de 22 mètres et qui, durant sa chute, n'eut d'autre préoccupation que de ne pas laisser choir de sa poche le couteau neuf que lui avait donné son père.

André Demaison, l'écrivain-explorateur bien connu, nous a proposé le cas d'une jeune femme de ses relations :

« Un jour, accident d'auto. Elle est expédiée contre un arbre, retombe sur la banquette de la route, évanouie. Elle revient à la vie au bout d'une demi-heure et se met à sangloter : — Quel dommage, dit-elle, j'étais si bien !... C'était fini et il faut continuer... »

De son côté, l'occultiste-symboliste Oswald Wirth, disciple préféré de Stanislas de Guaita, nous a écrit ceci :

« Deux fois je me suis cru mort, à l'âge de quatre ans, en tombant à l'eau sans éprouver la moindre angoisse, si bien que je n'ai pas compris pourquoi je fus mis au lit après mon sauvetage. Plus tard, ayant treize ans, un accident de voiture en montagne a provoqué de ma part un adieu à la vie nullement déchirant. La voiture s'est heurtée à un sapin providentiellement dressé au bord du précipice. J'y étais évanoui, mais dès qu'on me toucha je revins à moi sans ébranlement psychique. Si mon corps avait été mis en pièces, il est probable que je ne m'en serais pas aperçu. »

Au cours de la grande catastrophe de chemin de fer de Lagny-Pomponne, de nombreuses personnes moururent d'hémorragie, de congestion, etc. C'était la nuit, le froid était vif. La plupart des morts qui ne survinrent pas d'un seul coup furent des « glissements insensibles ». Voici la déposition d'un grand blessé, M. Poittevin, député de la Marne, qui se trouvait dans le premier convoi :

« Alors ce fut le choc épouvantable. J'eus nettement l'impression d'un accordéon qui se replie. Autour de moi montèrent des râles d'agonie, des cris d'épouvante. Je fermai les yeux. Lorsque je les rouvris, je vis que j'étais enfoui sous un monceau de débris de toutes sortes. On est fort dans ces moments-là, très fort ! Je réussis à écarter les ferrailles qui m'écrasaient et à dégager une de mes jambes ; l'autre, malheureusement, me refusa tout service ; j'étais condamné à l'immobilité.

« — Çà y est, me dis-je, j'ai une patte cassée.

« C'est à ce moment qu'arriva M. Roger Collot et un de ses camarades qui me tirèrent des décombres et me transportèrent sur le talus. »

Dans tout cela aucune perte de la conscience mais aucune

douleur. La douleur ne commence qu'après et *lorsque la mort n'est pas imminente.* Quant aux cris et aux plaintes, ils sont le propre de la nature humaine, même lorsqu'il s'agit d'accidents bénins.

En 1924, un de nos parents, M. Martial C..., se rendait en moto de Paris à Courbevoie.

« Arrivé, dit-il, à l'intersection de la rue de Chartres, à Neuilly, je me trouve en présence d'un embouteillage. Je mets un pied à terre et j'attends que cela se libère... *Puis, je me réveille entre les murs de l'hôpital Beaujon.*

« Un gros camion était arrivé derrière moi par le travers et m'avait projeté contre une bordure de pierre. *Aucune notion de l'accident, si fugitive qu'elle fût, n'est entrée en moi.* »

Enfin, nous pouvons enregistrer un témoignage direct et précis d'une victime de l'explosion de la poudrerie nationale à Saint-Chamas, survenue le 16 novembre 1936. Il s'agit de M. Désiré Bayol, « conducteur » à la fabrication de la tolite, dans le fameux bâtiment 104.

« J'avais pris, dit-il, mon service de midi à 20 heures. J'étais occupé aux cuves de lavage de la tolite. Il faut vous préciser que le bâtiment 104, long d'une quarantaine de mètres, ne comportait que trois murs, l'absence du quatrième devant éviter qu'une déflagration éventuelle ne fasse crouler la construction. Dix hommes travaillaient en même temps que moi dans le bâtiment, mais j'étais seul, de mon côté, auprès des appareils de lavage et de séchage. *Je me trouvais au premier étage*, près de deux cuves de lavage, distantes l'une de l'autre de un mètre. Dans l'une des cuves, il y avait de la tolite plastique et dans l'autre des résidus de tolite. Au-dessous, au rez-de-chaussée, sont installés deux sécheurs, l'un contenant de la tolite plastique et l'autre des résidus de tolite. Ils étaient placés de façon symétrique par rapport aux cuves du premier étage.

« Sans dire rien qui soit secret, sachez qu'avant l'introduction d'une certaine matière, il est procédé à un lavage à la vapeur et également à l'eau. J'étais en train de "syphonner", de renouveler l'eau pour la neutralisation des acides, *lorsque je me vis soudain entouré d'une gerbe de flammes provenant, je le suppose, mais sans pouvoir l'affirmer, du sécheur de tolite plastique placé à l'étage inférieur. Je ne sais pas alors comment je me suis retrouvé en bas, au rez-de-chaussée. Ai-je sauté les six ou sept mètres qui me séparaient du sol ? Je l'ignorerai toujours...* Mais une fois en bas, je donnai l'alarme aux camarades. »

On comprend aisément que si la mort était survenue dans cet état d'ignorance, d'incompréhension et de spéciale conscience, l'intéressé ne s'en serait pas aperçu.

Nous allons montrer par un dernier exemple l'espèce d'inhibition collective, mi-psychique, mi-sensorielle, qui peut s'emparer de ceux qui sont seulement témoins d'un drame, dès que celui-ci dépasse la norme de la surprise ou de l'horreur.

On n'a peut-être pas oublié la tragique course de côte du 13 mai 1936, au cours de laquelle la voiture du coureur Lora se jeta dans la foule massée sur les bords de la route. M. Guillot, demeurant rue Saint-Honoré, à Fontainebleau, a raconté l'événement comme suit :

« Je me trouvais avec mon père et une dizaine de personnes, tout près du lieu tragique. Je me souviens nettement que la foule était maintenue derrière les cordes, et précisément à l'endroit où la voiture entra dans les spectateurs. C'était au début de la course. Une seule voiture avait déjà terminé l'épreuve.

« Soudain, je vis la deuxième voiture arriver au sommet de la côte et je constatai que le coureur faisait agir avec brusquerie ses freins. Ce freinage, à mon avis, n'était pas naturel.

« A peine l'automobiliste eut-il actionné son frein que je vis la voiture faire un looping et se retourner par deux fois sur elle-même, pour venir se jeter dans la foule.

« *On n'entendit pas un cri,* précise M. Guillot, *mais seulement le bruit de la voiture se renversant* ; les débris de l'auto volant en éclats, ainsi que le capot, furent projetés au milieu de la chaussée.

« Plusieurs personnes étaient tombées. Je reconnus le fiancé de Mlle Pétillon, M. Gonié, qui, allongé sur le dos, ne donnait plus signe de vie ; un mince filet de sang s'échappait du nez, de la bouche et des oreilles. Quel ne fut pas mon effroi de voir à côté, une femme décapitée ! *C'est à ce moment-là, seulement*, que de toutes parts, fusèrent des cris déchirants. »

On voit par là que le seul spectacle du traumatisme et de son décor inhabituel suffit à suspendre certaines fonctions chez les personnes non atteintes. A plus forte raison, les victimes se trouvent-elles frappées d'une sorte de paralysie temporaire de la sensibilité.

## 7. Armes à feu

Il y a une anecdote classique que l'on trouve dans la plupart des traités de pathologie. Des jeunes gens manipulent un pistolet dans une chambre. Le coup part ; et les imprudents cherchent la trace de la balle sur les murs. Ce n'est qu'au bout d'un certain temps qu'on s'aperçoit qu'un des trois chercheurs a reçu la balle dans le ventre.

Dans nombre de blessures, c'est l'imagination qui amplifie le scandale organique. Jusqu'à ce qu'elle intervienne tout se passe harmonieusement, de palier en palier et sans précipitation.

La douleur ne résulte pas instantanément d'une blessure profonde. Plus celle-ci est soudaine et brutale, moins les nerfs périphériques sont alertés. C'est, en effet, au voisinage de la peau que les terminaisons nerveuses sont les plus riches. Certaines scarifications sont plus douloureuses à supporter que des atteintes graves à l'intégrité de la chair.

Dans la blessure par arme à feu le projectile est, en général, si petit et sa vitesse est si grande que son passage à la surface opère un dommage minimum. La balle qui atteint une vitre de plein fouet y découpe un trou minuscule, aux bords parfaitement nets. Au contraire, un coup de poing ou un coup de bâton qui, souvent, ne défonce même pas le verre, provoque le fissurage général de la vitre, lésée dans toute sa grandeur.

Il existe des personnes de complet sang-froid ou, plus exactement, sans imagination, pour qui la réalité se borne à la chose elle-même et qui n'éprouvent nul besoin de dramatiser leurs impressions.

Le type même de cette absence d'imagination est l'animal. Atteint de blessures mortelles, celui-ci accomplit encore des choses incroyables, ainsi que les faits de chasse en fournissent la preuve chaque jour.

On a cité le cas du lièvre dont le cœur est traversé par le plomb en plein galop et qui continue à courir durant une vingtaine de mètres. Le lièvre n'a pas d'imagination.

Le scarabée, dont la partie postérieure a été écrasée, continue de marcher sereinement en traînant ses viscères dans la boue. Il a cependant un système nerveux et une sensibilité. Il n'a pas d'imagination.

Pas d'imagination non plus chez la mouche amputée d'une aile, chez la sauterelle amputée d'une patte, mais un déséquilibre mécanique exactement proportionné à l'importance du dégât.

Certains hommes, certaines femmes sont naturellement soustraits au pullulement imaginatif, à l'embellissement ou à l'enlaidissement des faits et n'éprouvent pas de sensations excessives.

Voici, découpé dans *l'Intransigeant* du 10 décembre 1934, la relation circonstanciée d'un cas de blessure sans le concours de l'imagination.

« LA MORT ÉTRANGE D'UN CHAUFFEUR DE TAXI, BLESSÉ SANS LE SAVOIR. »

« La mort de ce chauffeur de taxi, atteint d'une balle de revolver sans s'en apercevoir et succombant des suites de cette blessure ignorée, est extrêmement curieuse. Elle est parfaitement plausible, *médicalement parlant, le choc d'un projectile n'étant souvent perçu que comme un coup plus ou moins violent.*

« Dans la nuit du 3 au 4 décembre, Théodore Kloroch, 45 ans, demeurant 6, rue de la Croix-Nivert, était, vers 3 h 30, sur la route déserte d'Athis-Mons, à la hauteur du groupe scolaire des Gravilliers, sauvagement attaqué par deux malandrins. Ces derniers s'étaient fait charger à Paris et avaient dit vouloir se rendre à Juvisy. Surpris de la résistance de leur victime, effrayés par ses cris, ils s'étaient enfuis, *poursuivis pendant 300 mètres par le chauffeur Kloroch*. Celui-ci ressentait de vives douleurs à la gorge — l'un des inconnus avait tenté de l'étrangler — et aux bras et dans le dos, l'autre malfaiteur l'ayant frappé de nombreux coups de matraque.

« Au commissariat de police, à Athis-Mons, racontant sa fâcheuse aventure, il déclarait :

« — Je reviendrai demain avec un certificat médical et je déposerai ma plainte.

« Vers 7 h 30 du matin, Kloroch, *qui avait regagné la capitale avec son véhicule,* se faisait admettre à l'hôpital Necker. *Le 8 décembre, il était mort.* Les internes de service qui l'avaient examiné avaient relevé, au lieu et place du coup de matraque dont le malheureux disait souffrir dans le dos, une plaie pénétrante par balle.

« Le Parquet de Corbeil a immédiatement ouvert une enquête afin de retrouver les deux hommes qui attaquèrent le chauffeur. Celui-ci, au cours de son passage au commissariat d'Athis-Mons, en avait donné un signalement assez précis. »

Des constatations faites à l'autopsie, il résulte que la blessure était des plus graves, puisque la balle, entrée obliquement par le dos et perforant ensuite les intestins, occasionna la mort de Kloroch.

Ainsi, de 3 h 30 à 7 h 30, *soit pendant quatre heures, la victime avait couru, déposé, piloté une auto, parce qu'elle ignorait qu'elle avait reçu un coup de revolver.* Si à 4 heures, avant sa déposition, on avait révélé au chauffeur Kloroch la nature de sa blessure, celui-ci serait tombé par terre immédiatement.

Mais voici un exemple encore plus curieux et encore plus récent. C'est celui d'un blessé parfaitement conscient de sa blessure et qui, n'ayant pas d'imagination péjorative, accomplit, en dépit de son état, toute une longue série d'actes normaux.

(Extrait du *Petit Parisien* du 12 juillet 1935.)

LA TEMPE TROUÉE, IL PARCOURT EN VÉLO
QUATRE KILOMÈTRES POUR SE FAIRE PANSER

Grenoble, 11 juillet.

« Vers 18 heures, hier soir, un homme et une femme se présentaient bras dessus bras dessous, à l'hôpital de la Tronche. A l'interne de service, la femme déclara :

« — J'ai blessé mon mari d'un coup de revolver à la tempe.

« Effectivement, l'homme portait à la tête un léger pansement de gaze. Tandis que le blessé était conduit dans un pavillon, sa femme déclinait au bureau d'entrée son identité : Anna Rogès, 52 ans, demeurant rue du Progrès, aux îles de Seyssinet, dans la banlieue grenobloise. L'accord le plus complet avait régné longtemps entre les époux Rogès, mais depuis quelque temps des disputes assez orageuses éclataient dans le ménage.

« Hier, à midi, une querelle encore plus violente éclatait entre les époux. Harassé de fatigue, Claudius Rogès, après le repas, s'était endormi, les bras appuyés sur la table. A plusieurs reprises sa femme l'éveilla et lui conseilla d'aller se reposer sur le lit. Excédé, le machiniste se leva et passa dans sa chambre à coucher, où il s'étendit. Une heure plus tard, alors que Claudius Rogès sommeillait, sa femme s'approcha de la table de nuit, dont elle parvint à ouvrir le tiroir sans éveiller le dormeur. Prenant alors un revolver qui s'y trouvait, Mme Anna Rogès en dirigea le canon vers la tempe gauche de son mari, et, froidement, elle appuya sur la gâchette. Une détonation retentit. *En voyant le sang couler en abondance de la blessure qu'elle venait de faire*, la meurtrière éclata en sanglots (7). Sous l'effet de la douleur (8), Claudius Rogès se leva aussitôt.

« Devant une glace *Claudius Rogès regarda la plaie* et, *sans acrimonie*, il dit à celle qui avait voulu le tuer : “ Tu m'as bien arrangé ! ”

« La femme, toutefois, n'a pas l'air de se rendre un compte exact de ce qu'elle vient de faire et, comme si la vue du sang qui s'échappe de la tempe de son mari lui avait calmé les nerfs, elle lui dit :

« — Ce n'est rien, va ; on va te soigner. Viens, nous allons chez le docteur Baudry, à Fontaine.

« Machinalement, elle met dans son sac à main l'arme meurtrière. Le blessé s'éponge le visage qui est inondé de sang. Le couple descend dans la cour, où se trouvent les bicyclettes, et *c'est à vélo que le blessé et sa meurtrière se rendent de conserve chez le médecin, à trois ou quatre kilomètres de là*. Celui-ci n'eut pas de

---

7. L'imagination de la meurtrière, à la vue du sang, déclenche la sensibilité.

8. Non sous l'effet de la douleur mais sous l'effet du choc et au bruit de la détonation.

peine à se rendre compte de la gravité de la blessure et ordonna au blessé de se rendre à l'hôpital de la Tronche. Rogès dit alors au praticien : “ C'est ma femme qui m'a fait ça avec le revolver qu'elle a dans son sac ” et, accompagné de son épouse, qui vient de déposer son arme sur un meuble, chez le docteur, *Claudius Rogès*, nanti d'un léger pansement, *prit un tramway qui le déposa quelques instants plus tard à la porte de l'hôpital.*

« La balle qu'il avait dans la tête a pu être extraite dans la nuit par un chirurgien. Par une chance miraculeuse, *elle avait touché le cerveau sans entraîner la mort. L'état du blessé est grave.* »

Il semble bien que ce sang-froid de la victime se retrouve dans la tentative dont fut victime, il y a plusieurs années, Mme Paul Boppe, mariée à un inspecteur des Eaux et Forêts de Nancy.

Au cours d'une enquête sur les grandes causes criminelles poursuivie pendant l'hiver 1933-1934, *Paris-Soir* s'exprime ainsi :

« Dans la nuit du 7 au 8 juin, au château de Montbois, comme sa femme dormait dans un lit voisin du sien, il approcha de sa bouche entrouverte un revolver et tira.

« *C'est le bruit de la détonation qui la réveille.*

« *Elle se lève, ne comprend rien, fait le tour du lit, passe finalement dans le cabinet de toilette, où le miroir lui renvoie l'image de son visage en sang.*

« — *Mon Dieu, dit-elle. Vous avez fait cela, Paul ?*

« *Elle pense à ses enfants qui vont souffrir du scandale.*

« — *Que va-t-on dire ? Y pensez-vous ?*

« Il réplique, froidement, étendu sur son lit :

« — On dira que tu étais malheureuse, que tu as voulu te suicider.

« —*Elle se laisse tomber dans son lit, épuisée, honteuse.*

« Lui, la regarde. Va-t-elle ou non mourir ? *Elle respire, elle pleure.* Allons, allons, il faut achever ce qui a été commencé.

« — Oh ! et puis..., dit-il.

« Il reprend son arme, l'applique sur le visage de Suzanne, et une seconde fois, tire.

« *Elle gémit :*

« — *Oh ! Paul, dans l'œil, maintenant...*

« Boppe voudrait bien tirer une troisième balle. Mais ce n'est plus possible. Les enfants sont là, au chevet de leur mère.

« *Mme Boppe sent venir la mort...* »

Et que dire de la tentative de meurtre encore présente à tous les esprits de Mme I... S... ? Celle-ci tire sur l'ingénieur-pilote P... L..., en plein vol, à quatre cents mètres au-dessus de Voisins-le-Bretonneux, dans le voisinage de Trappes.

« Le pilote L..., tout à ses commandes, ne peut voir ce qui se passe derrière lui. La jeune femme s'arme alors d'un revolver de 6,35 mm et fait feu.

« La seule balle tirée (9) a atteint l'homme près de la colonne vertébrale.

Tout d'abord, il ne sent pas la douleur et croit à un accident.

« — *Tiens, dit-il, qu'est-ce qui vient de claquer ?*

« *En faisant un effort pour se retourner, il comprend pourtant* et, les dents serrées, il se crispe sur le manche, mettant toute sa volonté à ne point perdre le contrôle de son appareil. »

## 8. Chutes d'avion

L'opinion traditionnelle d'après laquelle tout heurt brutal entraîne une souffrance physique proportionnée à la violence du choc repose sur une arithmétique simpliste.

Si une plaie de la dimension d'un trou d'épingle procure une somme donnée de souffrance, une plaie mille fois plus grande ne fera pas nécessairement souffrir mille fois plus.

Une chute de cent mètres de haut est plus indolore, sur le moment, qu'une chute d'un mètre.

Les chutes de dirigeable et d'avion ne comportent pas la douleur excessive que le vulgaire imagine pour des raisons de sentiment.

Lors de la perte du *Macon,* le dirigeable américain, les journaux célébrèrent à l'envi l'héroïsme du radiotélégraphiste E.-A. Dailey, qui lança ses appels jusqu'à la dernière minute. Mais ils ne purent résister à l'envie de dramatiser sa mort dans le récit que voilà :

« E.-A. Dailey a payé de sa vie ses sentiments de très haut altruisme. Lorsque la carcasse du *Macon* désemparé se trouva à

9. Le revolver s'était enrayé.

35 mètres au-dessus des eaux, le radiotélégraphiste, qui venait d'envoyer son dernier message, sortit de son poste isolé et sauta dans les eaux. *Sa mort fut atroce,* car au contact des vagues, il se brisa la colonne vertébrale et fut englouti dans les flots. »

Cette description est un modèle de littérature journalistique. Si Dailey a disparu définitivement dans la mer, comment sait-on qu'il eut la colonne vertébrale brisée ! Et en admettant que Dailey ait eu la colonne vertébrale brisée, comment supposer qu'il a éprouvé une douleur quelconque, la submersion s'étant d'ailleurs produite aussitôt ?

Quand l'être humain est victime d'un heurt assez violent pour briser l'axe même de son ossature, celui dans lequel gît la moelle épinière, ce laboratoire des sensations, toute perception physique et sentimentale est immédiatement abolie, d'autant que le choc a intéressé tout l'organisme, y compris sans doute le cerveau.

Nous ne nous sommes appesanti sur cet entrefilet que pour souligner un procédé systématique qui consiste à nous présenter sans cesse la mort sous des dehors effrayants.

Il serait beaucoup plus indiqué d'interroger les rescapés et de s'en rapporter aux constatations générales des témoins les plus intelligents.

En décembre 1925, la revue anglaise *le Mois scientifique* publiait le témoignage de l'aviateur Stratton qui, à la suite du blocage d'un organe de direction de son avion, fit une chute rapide de 1 200 mètres mais parvint à se redresser à 400 mètres du sol :

« Je parcourus en un éclair toute mon existence et mon passé comme si je les vivais une seconde fois. »

Le narrateur ne signale aucune angoisse excessive.

Nous avons invoqué le témoignage direct d'un des héros de 1914-1918, M. le lieutenant-colonel P..., qui fit, dans les dernières années de la guerre une chute terrible. Couvert de fractures multiples, il fut littéralement « ressuscité » par le génial Carrel.

« Dans ma chute du 11 mars 1917, nous écrit le lieutenant-colonel P..., et c'est le cas dans la majeure partie des accidents d'avion (et d'auto), je n'ai pas senti venir la mort. Jusqu'au dernier moment le pilote de l'avion en détresse use de tous ses moyens — et au-delà — pour rétablir l'équilibre rompu par une cause fortuite. Souvent il y parvient. Pour moi-même, la cause initiale fut la déformation de la cellule de l'avion, dont les haubans n'étaient pas réglés. A 200 mètres de hauteur, les plans de gauche se sont déformés, provoquant la « vrille ». J'ai mis tout en œuvre pour redresser l'avion, par usage combiné des commandes de profondeur, gauchissement et direction, joint aux variations du régime du moteur de l'avion. J'ai presque réussi et les témoins de cet accident — survenu au départ — ont été unanimes pour déclarer que, si j'avais encore eu 100 ou 200 mètres avant de toucher le sol, l'atterrissage eut été normal. Voyant le sol s'approcher (expression consacrée) j'ai bien pensé devoir " casser du bois ", mais cela sans appréhension aucune.

« Encore une fois, le pilote a confiance en lui. S'il ne l'a plus, il cesse de voler. Cette confiance lui donne la quasi-certitude de sortir vainqueur des difficultés multiples qu'il peut rencontrer au cours de ses missions, de la lutte des hommes, de la furie des éléments déchaînés. Si la mort vient, c'est par surprise et sans préparation aucune de l'être. »

*
* *

Bien peu de narrateurs ont eu la curiosité de vérifier les circonstances psychologiques de la chute dans le vide et ceux qui rapportent les sensations de personnes tombées de haut négligent, la plupart du temps, d'en recueillir l'aveu de leur bouche et se contentent d'*imaginer ce* qu'à leur place ils auraient *logiquement ressenti.*

Or, l'inexactitude de leur récit vient précisément de ce que la logique n'a rien à voir avec la réalité des phénomènes qui sortent de la norme et qu'aucun raisonnement, si habile soit-il, ne remplacera une judicieuse observation.

En matière de parachutisme, la première descente s'accompagne généralement, en dépit des précédents observés sur le champ d'aviation, d'une angoisse plus ou moins forte et l'aviateur non entraîné spécialement au saut dans le vide a tendance à ouvrir son parachute toujours trop tôt. Cela tient à ce qu'il *imagine* la sensation de la chute directe, par la seule force de la pesanteur, comme pénible ou désagréable, et allant de la demi-asphyxie au vertige descenseur d'un monte-charge géant.

Or, en réalité, quelle sensation éprouve exactement l'être humain intelligent dont le parachute n'est pas ouvert et qui, pendant un long temps, se laisse tomber de très haut dans le vide ?

Voici ce qu'en pense, d'après G. Edward Pendray (10), M. le docteur Armstrong, directeur du Laboratoire des recherches physiologiques de Dayton et médecin militaire qui, depuis longtemps, étudie chez les aviateurs les effets physio-psychologiques des ascensions :

« Quand le docteur Armstrong ne trouve personne qui se prête à ses expériences, il n'hésite pas à s'y livrer lui-même. C'est ainsi qu'il sauta intentionnellement d'un avion en plein vol et n'ouvrit son parachute qu'au tout dernier moment, afin de mieux étudier la sensation de la chute. Il trouva que la respiration restait régulière, que le système cardio-vasculaire fonctionnait normalement, que la perception visuelle était normale, et qu'*il n'y avait ni nausée ni vertige. On ne se sent même pas tomber, on a plutôt l'impression de descendre doucement* (11).

« Cela prouve que certains aviateurs ont tort de redouter un évanouissement qui pourrait les empêcher d'ouvrir le parachute. Il arrive trop souvent qu'à cause de cette peur on ouvre le parachute trop tôt, avant de se trouver loin de l'avion, qu'ainsi on le déchire et on se tue. »

## 9. Accidents de montagne

Ce chapitre comporte peut-être le plus d'accidents sensationnels typiques et capables d'illustrer notre thèse. On y verra comment certaines perceptions (celle de la douleur physique et morale notamment) disparaissent alors que l'intelligence et même certains sens se font, au contraire, plus aigus.

---

10. Article de *Lu*, du 15 janvier 1937.

11. Une fois de plus, la sensation éprouvée est contraire à la logique. Qui n'a pas éprouvé, en auto, l'impression de faire de la vitesse à 45 à l'heure et de « ramper » à 80 ou à 100 ?

M. de Varigny en rapporte quelques-uns ainsi que les observations du professeur suisse Heim, présentées il y a une dizaine d'années au Club alpin de Zurich.

La conclusion de M. Heim est que la douleur des chutes en montagne n'est pas très vive et que la mort qui survient dans ces conditions doit être douce et facile. Voici d'ailleurs comment il narre sa chute personnelle dans un précipice :

« Dès que la chute commença, je compris que j'allais être jeté contre le rocher et attendis le choc. Je m'ensanglantai les doigts en les crispant sur le rocher, mais sans éprouver de douleur. J'entendis très nettement le choc de ma tête et de mon dos aux angles du rocher, ainsi que le bruit sourd de mon contact final avec l'amas de neige du fond. *Je ne ressentis de douleur qu'une heure après.*

« Il faudrait une heure pour raconter tout ce que j'ai pensé pendant les quelques secondes de ma chute. Les pensées et images se succédaient avec un enchaînement parfait et très clair. Tout d'abord j'envisageai les alternatives de mon sort et me dis : le rocher, par-dessus lequel je vais être lancé, doit évidemment présenter une paroi escarpée, car il cache à mes yeux le sol qui est à sa base. Le tout est de savoir s'il y a encore de la neige dans le bas. Si oui, elle y aura formé un rebord, et si j'y tombe je puis m'en tirer la vie sauve. Sinon, précipité sur les éboulis avec cette rapidité, ma mort est inévitable.

« Si je tombe sans me tuer, je prendrai le petit flacon d'éther acétique qui est dans ma poche, et je m'en verserai sur la langue. Ne lâchons pas ma canne ; elle me servira en bas. Je songeai même à me débarrasser de mes lunettes pour que, au cas où elles se briseraient, les fragments de verre ne pussent me blesser les yeux, mais la violence du mouvement qui m'emportait ne me laissa pas maître de mes mains.

« Puis je pensai à mes compagnons et me dis qu'aussitôt arrivé en bas, grièvement blessé ou non, je crierais de toutes mes forces : « Aucun mal ! » afin de les tranquilliser. Et je pensai même que je ne pourrais, en aucun cas, faire ma leçon de géologie annoncée pour cinq jours après.

« Je vis ensuite, comme sur un théâtre lointain, se dérouler toute mon existence en nombreux tableaux. Je m'y vis moi-même objectivement, jouant le rôle principal. *Tout était éclairé d'une lumière céleste, et beau ; je n'éprouvais nulle angoisse ni peine. Même le souvenir d'événements tristes n'évoquait pas de chagrin. Des pensées belles et élevées dominaient, reliant les images isolées, et un repos divin me baignait tout entier au milieu d'une musique splendide.*

« De plus en plus je me vis enveloppé d'un magnifique ciel bleu avec des nuées roses et surtout d'un violet tendre. Je flottais dans cette atmosphère idéale doucement et sans douleur, tout en constatant que je me rapprochais d'un champ de neige. Observations objectives, pensées, sensations subjectives, tout se produisait simultanément et parallèlement. J'entendis enfin le bruit sourd du choc de mon corps contre l'amas de neige. Je vis comme un objet noir passer devant mes yeux, et, comme je me l'étais promis, je criai trois fois de toutes mes forces : — Cela ne m'a rien fait du tout ! Aucun mal. »

Il est à peine besoin de souligner qu'en réalité M. Heim portait différentes blessures.

Au dossier de l'enquête Heim, on trouve le témoignage de M. Sigrist, tombé du Korpfstock et d'après qui « la secousse même qu'il a reçue et qui l'a précipité à la renverse n'a eu pour lui rien de désagréable : *il s'est, au contraire, senti pénétré d'une béatitude surnaturelle et tout le temps de sa chute il lui a semblé nager dans une mer de délices...*

« *Nulle trace de cette épouvante ni de cette perte de souffle qu'on imagine d'ordinaire ; et je n'ai perdu conscience qu'en cessant de tomber. Mais je n'ai rien senti des nombreuses contusions reçues durant la chute...*

« ... Je ne perdis conscience qu'en touchant violemment le sol couvert de neige et sans éprouver la moindre douleur. Je n'avais pas senti davantage les écorchures que je m'étais faites. Je ne puis imaginer de mort plus facile et plus belle. *Naturellement le retour à la vie apporte des sensations toutes différentes.* »

Le célèbre alpiniste Whymper a accusé les mêmes impressions à la suite d'une chute de 70 mètres au Cervin où son corps rebondit de glacier en glacier et de roche en roche. Il avait conscience de tout et comptait les chocs. Mais il était comme un anesthésié lucide et ne ressentait pas de souffrance. D'après lui, la mort due à une chute effectuée d'une grande hauteur doit être une des moins douloureuses qui puisse survenir.

M. de Varigny qui cite ces divers exemples, fait la remarque suivante :

« Il est très curieux que le sujet *entende* le choc de son corps quand celui-ci s'arrête, arrivé à la fin de sa course et ne le *sente* pas. »

Nous avons voulu contrôler et vérifier l'exactitude de ces impressions recueillies par M. de Varigny de troisième main, généralement à l'étranger et dont la plupart sont livresques.

M. Jacquemart, président de la Commission des guides au Club alpin français, nous a confirmé expressément l'absence de sensations désagréables, au moyen d'exemples personnels.

Il s'est trouvé une fois saisi avec ses compagnons par la queue d'une avalanche. Tous furent culbutés et roulés les uns sur les autres, *mais non submergés* et le vent d'avalanche leur arracha le souffle, « les vidant littéralement de leur haleine ».

A aucun moment il n'y eut chez aucun le moindre sentiment d'effroi mais seulement un mental *suraiguisé.*

M. Ravanel, chef des guides d'Argentières, a été pris, lui aussi, à l'aiguille du Plan, dans une avalanche. M. Ravanel ne fut pas complètement enseveli. Par contre, le reste de la cordée (le guide Alphonse Simon et l'Anglais Young) avait disparu sous la couche de neige. La corde n'ayant pas cassé, le guide-chef Ravanel, qui s'était dégagé, tira dessus et réussit en un quart d'heure à extraire ses compagnons.

Sollicité par nous de faire connaître ses sensations, il nous a déclaré « n'en avoir éprouvé aucune ».

Enfin, nous avons interrogé le grand guide Armand Charlet de renommée mondiale.

Celui-ci était parti le 17 août 1928 aux Dru, pour effectuer le sauvetage d'un alpiniste qui avait la colonne vertébrale rompue. En traversant les Dru, Armand Charlet fit une chute de 30 mètres qu'il ne parvint jamais à s'expliquer. On le releva avec une fracture du crâne et une blessure superficielle sur un autre côté de la tête.

« Or, nous a déclaré Armand Charlet, *à aucun moment je n'ai senti quoi que ce soit.* Je ne me trouvais pas dans un passage difficile et il n'y avait aucune raison pour que je tombe. D'ailleurs depuis cette époque je suis passé plusieurs fois au même endroit et, toujours, j'ai tenté d'expliquer ce qui m'était arrivé, sans y parvenir. J'ai toujours présumé, sans preuve au surplus, qu'une pierre m'était tombée sur la tête. »

Armand Charlet, blessé grièvement comme on le voit, redescendit pendant quatre heures avec ses compagnons. Il eut une vive altercation avec les autres guides parce que, dans une espèce de somnambulisme inconscient, il prétendait, pour aller au plus court, les faire passer par une crevasse impraticable. Les guides l'entraînèrent de force puis finirent par le porter. Charlet se rebella parce que l'un des porteurs était un novice qui ne lui inspirait pas confiance. Au cours de la descente, il eut une congestion pulmonaire et ne reprit conscience que dans son lit. Mais de tout ce qui précède le grand guide nous a certifié n'avoir conservé nul souvenir et ne devoir cette relation qu'au témoignage unanime et répété des autres.

Nous ne pouvons mieux compléter ces diverses dépositions (recueillies par nous de la bouche même des intéressés, en juillet 1936) qu'en rapportant les déclarations textuelles que nous a faites l'une des rares victimes « rescapées » de la catastrophe du Montenvers, Mme B..., qui habitait à Paris, 30, rue du Cotentin.

Le 25 août 1927, sous la neige commençante, le convoi du chemin de fer du Montenvers commença à descendre vers Chamonix. La locomotrice et la voiture qui suivait se détachèrent presque aussitôt par suite de l'usure de la crémaillère et tombèrent dans le vide. Il y eut 80 victimes environ, dont 60 morts.

« Il était 5 heures du soir. C'était le dernier voyage du chemin de fer. Il y avait un monde fou. Le convoi se composait de deux voitures et de la locomotrice. Je me trouvais dans la voiture de tête avec mon mari. Le chapeau de mon mari était couvert de neige, il l'avait secoué dans le wagon et cela avait amusé tout le monde. Une dame qui vend des timbres de caoutchouc, passage du Caire, à Paris, était là avec sa nièce. J'entendis la nièce dire : “ Ce monsieur est bien amusant. ”

« A 80 mètres de Montenvers les voitures se mirent à se balancer. Tout le monde s'écria : " C'est la catastrophe "... Au même moment ça s'est décroché...

« Je reverrai toujours le visage de mon mari ; il était blême comme un cadavre, une terreur sans nom l'étreignait. *Moi, j'étais comme paralysée.* Je me suis cramponnée des deux mains à mon siège et j'ai eu une impression analogue à celle d'un ascenseur puissant descendant dans un grand magasin. *Je n'ai pas senti la secousse. J'ai repris connaissance sur le " billard ".*

« L'accident est arrivé à 17 heures. Les secours n'arrivèrent qu'à 20 heures. Détail lamentable : entre-temps des rôdeurs ont détroussé tous ces gens inanimés.

« Entre la chute et la table d'opération je n'ai eu qu'une notion, c'est qu'on me piétinait : impression nette d'un gros soulier sur mon flanc.

« Les premiers secours fonctionnèrent donc, je l'ai su depuis, vers 8 heures du soir. On m'a fait boire du rhum et un fonctionnaire de la compagnie me chargea sur ses épaules et me remonta jusqu'à Montenvers d'où je fus ensuite transportée à la clinique d'Annecy. J'avais de graves blessures, des contusions partout, *les cuisses traversées par les bielles de la locomotrice et brûlées presque jusqu'aux nerfs.* Première sensation de réveil : j'ai vomi du rhum sans me rappeler où j'en avais bu. Mon angoisse morale, à ce moment-là, fut atroce. Je restai à demi-folle pendant un mois. Je croyais mon mari en voie de guérison. Je n'ai su sa mort qu'un mois après. Je n'éprouvai que de la colère d'avoir été sauvée. »

Ce témoignage recueilli de la bouche même de la victime, démontre éloquemment la difficulté du retour de la mort à la vie et la simplicité du passage de la vie à la mort.

## 10. Fauves

Les sortes de morts qui se trouvent analysées dans les pages qui suivent sont rares, il est vrai. Et nous n'y ferons allusion que parce que *leurs apparences* sont éminemment dramatiques et que l'homme normal envisage avec terreur les circonstances de telles fins.

Or, c'est précisément cet aspect d'horreur qui doit nous servir, puisqu'il souligne, une fois de plus, l'abîme qui existe entre notre conception de la mort et les conditions de la mort réelle.

L'idée de finir sa vie sous la griffe ou la dent d'un fauve est une des pires qu'ait à supporter l'esprit humain. Cependant il existe de merveilleuses grâces d'état, analogues pour l'homme à celles dont sont gratifiées les proies de la couleuvre. La fascination est sans doute un mythe. La préparalysie partielle de la victime n'en est pas un.

On a trouvé, là aussi, chez les Anglo-Saxons, de bien singuliers et décisifs témoignages. D'abord celui de Livingstone lui-même dont on goûtera la conclusion :

« J'étais sur un petit tertre ; il (le lion) bondit sur mon épaule et nous tombâmes à terre ensemble... Le choc produisit une stupeur analogue à celle que semble éprouver la souris après la première secousse du chat. C'est une sorte d'état de rêve, où il n'y avait ni sensation de douleur, ni impression de peur, bien que je fusse absolument conscient de tout ce qui se passait. La peur n'existait pas et je pouvais regarder l'animal sans horreur. Cet état particulier est probablement produit chez tous les animaux tués par les carnivores, et, s'il en est ainsi, il y a là un bienfaisant mécanisme par lequel le Créateur diminue la douleur de la mort. »

Sir Edward Bradford, dont le bras fut entièrement dévoré par un tigre qui l'avait immobilisé, *n'éprouva aucun sentiment de peur.* La douleur se borna à la traversée de la main par les crocs. *Le bras fut mastiqué comme chose inerte.*

Observation du lieutenant anglais, cité par Crowther Hirst : « En ce qui concerne mes sensations durant l'attaque du lion, je dois dire que je n'éprouvai aucune douleur quelconque. Je sentais pourtant de façon très nette, qu'il me mordait ; j'avais parfaitement conscience, en dehors des renseignements que me fournissait la vue, que l'animal était occupé à me mordre, mais la douleur faisait défaut. »

Observation Watts Jones : « L'ours était couché sur moi et il me mordait la jambe. Il donna deux ou trois coups de dent. Je sentis s'écraser ma chair, mais je n'éprouvai aucune douleur. Cela me faisait l'impression d'une extraction de dent avec le protoxyde d'azote... Ma principale blessure était à la cuisse gauche, au côté interne de laquelle un gros lambeau avait été arraché et restait ballant. »

Discutant ces faits et bien d'autres qu'on trouvera dans son ouvrage *La Mort et le Sentiment* (12), M. de Varigny dit ceci :

« Dans beaucoup de cas, d'ailleurs, on voit que les facultés intellectuelles ne sont nullement atteintes. M. G. Neve, un des médecins de l'hôpital de Srinagar, dans le Cachemire, donne chaque année ses soins à une demi-douzaine de personnes qui ont été attaquées par des ours. A une vingtaine de celles-ci il a demandé compte de leurs impressions, et dans aucun cas il n'a été ressenti de douleur sur le moment même. En outre, ajoute-t-il, " il me semble que l'esprit soit très calme : c'est presque au point que les victimes en sont à analyser la situation, à se demander ce que l'animal va faire ". C'est la curiosité qui domine ; et l'absence de douleur se voit à ce trait qu'un des blessés croyait que l'ours avait seulement enlevé son fond de pantalon, alors qu'en réalité la bête tenait aussi le contenu de ce dernier...

« Il est curieux de voir que la sensibilité tactile persiste souvent, tandis que disparaît la sensibilité à la douleur (curieux mais non inexplicable ; on sait que les filets nerveux tactiles et les filets nerveux par où se transmet l'impression qui détermine la douleur ne sont pas les mêmes). »

Plus près de nous, M. Jacques Carette a décrit une attaque du sanglier « au ferme » dans une clairière de fourrés du Cotentin :

« Le sanglier y trônait ; je l'apercevais mal, entouré qu'il était de quatre chiens dont un (Dick, un de mes corniauds) était couché, ensanglanté sur le flanc. J'étais à cinq mètres du groupe et ne pouvais viser, " Phanor " s'étant agrippé au poil hirsute de son ennemi.

« Et puis, comment épauler facilement ? J'y réussis cependant, mais mal, et tirai la bête qui devait peser dans les cent quarante. Elle s'affaissa, blessée, et les chiens se ruèrent sur elle.

12. Librairie Félix Alcan.

Abandonnant mon “ douze ”, je m’approchai pour “ servir ” le cochon au couteau...

« Il se releva et jamais je n’ai reçu plus beau choc à la mâchoire. Le manche de mon couteau, violemment heurté par le sanglier, me fit voler deux dents en éclat. Je tombai.

« *Je ne voyais plus rien, j’étais étourdi, anéanti. Un coup de fusil tout proche, des bruits de voix, les cris redoublant de violence des chiens, c’est seulement ce que j’entendis pendant assez longtemps, me sembla-t-il.*

« Et puis, rassemblant mes forces, curieux de voir, je sortis enfin du “ roncier ”, de la “ jonnière ” comme j’y étais entré : figure en sang. »

Tout laisse supposer que cette même sorte d’insensibilité à la douleur physique fut le partage du jeune soldat qui se trouva près de la porte Brancion, à Paris, en 1936, face à face avec une lionne de Martha-la-Corse échappée de son « sabot ».

« Le soldat Levret, dit le *Journal,* est d’abord figé de stupeur. Mais il se ressaisit et le voilà courant de toute la vitesse de ses jambes, non sans appeler à l’aide...

« Le fauve, à la vue de cet être qui fuit, a senti se réveiller en lui l’instinct héréditaire. Il a bondi... Quelques foulées gigantesques et le voici sur les pas du petit soldat terrorisé... L’homme et la bête roulent à terre. Une lutte épique s’engage. »

Mais la dompteuse survient et libère le blessé. Celui-ci porte une blessure profonde à la nuque et une morsure à l’épaule. On le dirige sur l’hôpital du Val-de-Grâce. Les blessures ne sont pas graves. Mais c’est à partir de ce moment que le blessé commencera à souffrir.

Pour finir, soulignons le dramatique fait divers du zoo de Grenoble où, le 13 décembre 1936, une ourse arracha presque entièrement le bras du jeune lycéen Jean Piétri, âgé de onze ans. Les premiers secours furent portés par deux jeunes gens dont le télégraphiste Albert Bouvier qui dépeint ainsi la fin du drame :

« Dix minutes passèrent, peut-être davantage. *Au cours de cette terrible lutte, l’écolier ne disait pas un mot ; il semblait ne pas sentir son mal et se cramponnait à la grille de son bras resté libre.* Tout à coup un second ours s’approcha, mais la bête se contenta de protéger son compagnon. Enfin Vaggiani et le garde, qui avaient blessé l'animal aux yeux, sentirent qu'il lâchait prise. Un dernier effort et l'ours abandonna l'enfant. »

Nous avons toujours pensé que l'extase n'était pas la seule cause de l'attitude merveilleuse des premiers chrétiens quand on les jetait aux bêtes. Sans doute leur foi transformait les martyrs et les soustrayait au plan physique mais tous n'avaient pas la même ferveur et les Romains envoyaient au cirque des gens des deux sexes, de tout âge et de toute condition. Il est vraisemblable que la même insensibilité que nous avons relevée dans les témoignages précédents s'emparait alors des victimes et qu'elles étaient « saisies » dans un état de stupeur.

## 11. Exécutions

### a) Décapitation

Les exécutions, malgré leur caractère artificiel de mort imposée, n'échappent pas à la loi commune.

D'après le physiologiste Loye, dans la plupart des cas de mort par décapitation « le condamné est en syncope au moment fatal ; c'est presque un cadavre que le bourreau décapite. L'angoisse, la terreur, l'émotion — les noms importent peu — sont telles que le corps n'est souvent qu'une masse inerte, sans force et sans sentiment ».

Les rares exceptions proviennent de criminels endurcis ou remarquablement intelligents chez qui la volonté impose momentanément silence à la nature. Dans ce cas la sensibilité peut persister jusqu'à l'ultime seconde et encore personne n'en est sûr.

L'exécuteur Brand, de Berlin, a affirmé : « Ils sont à demi morts avant que je mette la main sur eux. »

Deibler a dit presque la même chose.

Aussi Loye, qui s'est livré à des expériences nombreuses peut légitimement conclure ainsi :

« La mort survient à la fois par inhibition et par asphyxie, et il y a perte de connaissance instantanée. »

## b) Pendaison

La mort par pendaison, lorsqu'il n'y a pas dislocation brutale des vertèbres n'est qu'une forme de l'asphyxie.

Elle commence d'ordinaire par des sensations pénibles et se termine par des sensations agréables d'ordre visuel, auditif, olfactif ou gustatif. La légende prête aux pendus certaines sensations d'un ordre spécial dont on a depuis longtemps fait justice. L'émission séminale est considérée aujourd'hui comme une des premières conséquences de la rigidité cadavérique. Elle est d'ailleurs constatée dans tous les cas de mort où le cadavre est dans une position verticale et constitue une évacuation automatique qui se produit assez longtemps après le décès.

## c) Électrocution

Produisons enfin la déclaration autorisée du docteur Amos O. Squire, ex-médecin-chef de la prison de Sing-Sing (États-Unis).

Ce praticien a été pendant de longues années en contact avec les ingénieurs chargés du maniement de la chaise électrique et il a assisté professionnellement à nombre d'électrocutions.

Son avis est le suivant et tel qu'il l'a fourni en 1935 à un de nos confrères de la presse parisienne (13) :

« Je peux affirmer que la mort par électrocution est beaucoup plus douce qu'elle ne paraît.

« Un homme qui passe de vie à trépas sur la chaise n'éprouve aucune douleur physique. Il a l'impression de recevoir un coup terrible sur le sommet de la tête et perd instantanément conscience. C'est une sensation du même ordre que celle du boxeur mis knock-out.

« A peine a-t-il senti le choc qu'il cesse de le sentir, de connaître l'univers et de se connaître lui-même. Le coup se confond avec la chute dans le non-être. »

---

13. *Paris-Soir* du 17 juillet 1935.

Là encore, en dépit des spasmes convulsifs et de l'horreur spectaculaire, la victime n'a pas plus conscience des gestes qu'elle exécute que la grenouille décapitée des bonimenteurs forains.

## 12. Empoisonnement, stupéfiants

Il est impossible de s'étendre sur le chapitre des poisons parce que ceux-ci (animaux, végétaux et minéraux) sont innombrables et agissent sur l'organisme vivant de toutes sortes de façons.

Les désordres provoqués par eux sont, bien souvent, plus douloureux que ceux qui proviennent de traumatismes. Certains garrottent littéralement leurs victimes, d'autres leur laissent une relative liberté.

L'empoisonnement par le cyanure de potassium est un des plus rapides qui soient.

D'après Binet-Sanglé le sujet tombe parfois en poussant un cri, comme l'épileptique. Dans ce cas la mort est presque instantanée. Lorsque la dose est trop faible ou que l'estomac est encore garni, la perte de connaissance n'aurait lieu qu'après quelques minutes ou même au bout d'une demi-heure, durant laquelle la respiration et les contractions du cœur sont accélérées, la gorge serrée, avec nausées, douleurs dans la poitrine, anxiété précordiale, obscurcissement de la vue, étourdissements, vertige et malaise général.

Très dramatiques aussi se présentent les empoisonnements par les champignons *surtout par ceux dont les toxines n'entraînent pas la mort.*

La sensation de refroidissement est extrêmement pénible parce qu'elle est intense.

Souvent on note chez les empoisonnés des phénomènes convulsifs.

Il est hors de doute que tout commencement d'empoisonnement est peu agréable. Il s'agit là d'un renversement interne et soudain du rythme vital. Toute intrusion arbitraire dans l'organisme animal déclenche des phénomènes avertisseurs d'ordre nerveux et de l'angoisse générale. Mais l'intoxication doit être considérée comme une sorte de maladie dont les phases, au lieu d'évoluer à la cadence normale, se déroulent avec une grande rapidité.

La terminaison mortelle n'en est pas affectée pour cela et, tôt ou tard, l'inconscience ou la diminution de sensibilité qui précède la mort survient et rétablit l'ordre des choses.

D'ailleurs tous les empoisonnements ne sont pas douloureux et l'exemple fameux de Socrate buvant la ciguë nous a été rapporté dans le *Phédon.*

« Socrate, écrit Mario Meunier, traducteur de Platon, après s'être promené, nous dit qu'il sentait ses jambes s'appesantir. Il se coucha sur le dos comme l'avait prescrit l'homme qui lui avait apporté le poison. Cet homme alors le toucha et examina de temps à autre ses pieds et ses jambes. Serrant par la suite un de ses pieds avec force il lui demanda s'il en avait la sensation. Socrate dit que non. Le même homme alors lui pressa le bas des jambes et, palpant plus haut, il nous montra ainsi que le corps se glaçait et se figeait. Puis le touchant de nouveau il nous dit que Socrate s'en irait *dès* que le froid lui gagnerait le cœur. Déjà presque tout le bas-ventre était froid. Socrate alors se découvrit la tête, car il était couvert et dit : « Criton, nous sommes redevables d'un coq à Aesculape. Donnez-le lui et ne l'oubliez pas. »

« — Cela sera fait, répondit Criton, mais vois si tu n'as pas autre chose à nous dire. A cette demande il ne répondit rien, mais peu d'instants après il fit un mouvement. L'homme alors le dévoila tout à fait. Socrate avait le regard fixe et Criton alors lui ferma et la bouche et les yeux. »

La fin par l'arsenic, selon Brouardel, a lieu dans la somnolence.

J'ai connu la mort d'une jeune institutrice qui avait absorbé par erreur un collyre à base d'atropine. L'existence s'acheva dans une paralysie totale des centres nerveux.

Henry de Monfreid, dans *le Repaire du Vaisseau fantôme* a raconté, en 1934, les impressions significatives d'un empoisonnement par le haschisch :

« J'ai bien failli mourir cette nuit, ou plutôt j'ai eu l'impression très nette de m'en aller dans l'autre monde.

« J'avais reçu un petit échantillon de haschisch, de la qualité vendue par le gouvernement. Pour me rendre compte de sa valeur, j'en avais mâchonné une parcelle de la grosseur d'un grain de maïs, pensant qu'une dose aussi faible ne pouvait avoir aucun inconvénient sérieux. Le haschisch de Grèce ne produit quelque effet qu'à la dose de plusieurs grammes.

« J'avais avalé cette matière après mon dîner et je m'endormis comme de coutume.

« Dans la nuit, probablement vers 2 ou 3 heures du matin, je voulus me lever. Alors j'eus la sensation étrange que ma cabine était complètement déformée. J'étais incapable d'apprécier les distances et tous les objets semblaient s'accumuler devant mes yeux comme ils doivent paraître à un aveugle auquel la vue est brusquement rendue. J'étais désadapté, je ne savais plus me servir des impressions visuelles pour évaluer les relations d'espace.

« Je m'empressai de m'étendre sur mon lit et de fermer les yeux tant cette impression était vertigineuse.

« Alors j'eus la sensation très nette, absolument matérielle, que mes os n'existaient plus et que mon corps formait un amas amorphe. Je notais tout cela, avec une incroyable lucidité. Puis je me vis entouré de sphères brillantes, striées de dessins géométriques changeant sans cesse de couleur et de forme, comme les images d'un kaléidoscope.

« Je sentis ma raison perdre pied, mais par un effort de ma volonté, une *partie de mes facultés cérébrales s'établirent en spectatrices des perturbations de toutes les autres.*

« Mon corps, maintenant, était entièrement paralysé et une sensation de froid aux extrémités gagnait peu à peu vers l'abdomen et la poitrine. La salive était visqueuse, la langue inerte. Alors, j'eus le sentiment très net de la mort. Cependant ma raison veillait toujours. Je percevais tous les bruits.

« Au petit matin, Yousouf entra dans ma cabine. Il fut frappé de mon aspect cadavérique et se pencha sur moi, affolé, me croyant mort. Il me toucha, mit la main sur mon cœur pour voir s'il battait encore.

« Au moment où il s'approcha de ma figure, je pus faire un mouvement des lèvres auquel il comprit que je prononçais le mot “ boun ” (café). Il revint peu après et parvint à m'en faire boire quelques gorgées. Aussitôt une crise de nausées se déclencha et, dans des efforts, j'expulsai la boulette de haschisch avalée la veille.

« Je m'explique ce phénomène par une défense de l'estomac, qui avait dû retenir cette matière nocive dans un repli.

« A partir de ce moment je repris très vite l'usage de mes sens, la chaleur revint, puis le mouvement.

« Je pris encore du café en grande quantité et, à 10 heures du matin, tous les symptômes étaient disparus.

« Ce qu'il y a de plus extraordinaire, c'est que je n'éprouvais plus aucun malaise et je me sentais aussi dispos qu'après un paisible sommeil.

« Cette expérience m'a renseigné sur la force du haschisch de l'Inde, qui est à peu près dix fois plus toxique que celui de Grèce. Cependant, cette matière n'est pas un poison mortel, quelle qu'en soit la dose. Les troubles sont surtout d'ordre psychique. C'est pourquoi ils donnent une impression aussi tragique.

*« La mort véritable doit être beaucoup moins impressionnante, car la conscience doit partir la première. »*

## 13. Inanition

Parmi les genres de morts dramatisés par la littérature se trouvent la mort par la soif et la mort d'inanition.

La première ne comporte guère d'exemples authentiques et M. de Varigny lui-même n'en fournit aucun dans son livre. Le lecteur en trouvera bientôt un de premier ordre dans *le Double Cas de Saint-Exupéry.*

Par contre, on a enregistré les circonstances de plusieurs morts par inanition. Dans les *Essais* (chap. XIII) Montaigne en propose un, celui de Marcellinus :

« Marcellinus entreprint de s'en aller de cette vie, non de s'en fuyr, non d'eschapper à la mort, mais de l'essayer. Et pour se donner loisir de la marchander, ayant quitté toute nourriture, le troisième jour suivant, après s'estre fait arroser d'eau tiède, il défaillit peu à peu, et *non sans quelque volupté,* à ce qu'il disoit.

« De vray, ceux qui ont eu ces défaillances de cœur, qui prennent par foiblesse, disent n'y sentir auculne douleur, ains plutôst quelque plaisir, comme d'un passage au sommeil et au repos. »

Mais cela est bien lointain.

Le jeûne célèbre — et tragique — du maire irlandais Mac Swiney qui, le 25 octobre 1920, se laissa mourir de faim dans la prison de Buxton, après 73 jours d'abstinence est, au contraire, présent à toutes les mémoires.

Durant qu'il se poursuivait, beaucoup soupçonnèrent une fraude, tellement il semblait invraisemblable qu'un être humain pût vivre si longtemps sans être alimenté.

Bien que nous ignorions les détails de ce jeûne il est permis de supposer : ou que l'intéressé absorbait un peu d'eau de temps à autre (ce qui a pour effet, comme le prouve l'exemple de Succi et autres jeûneurs professionnels, de prolonger longtemps la résistance humorale) ou qu'à diverses reprises l'Administration pénitentiaire réussit à l'alimenter de force, ce qui, en raison de son état de faiblesse, n'aurait rien de surprenant.

Quoiqu'il en soit Mac Swiney mourut dans le coma en état de consomption et, par conséquent, en pleine inconscience. Il devait y avoir de nombreux jours que, pour lui, l'instant pénible était passé.

La localisation de cet instant est d'ailleurs très variable, suivant les cas. La résistance et les réactions d'un mineur enseveli ne sont pas les mêmes que celles d'un prisonnier dans son lit ou que celles d'un expérimentateur dans sa cage de verre. La mort par la faim est longue et la rapidité de sa venue dépend aussi de l'organisme et du milieu. Elle se produit toujours après une période d'engourdissement, de demi-sommeil et de rêve. Et c'est à notre avis, non pas une des morts les plus douces (toutes le sont également à la même minute) mais une de celles où la perte du sentiment et de la conscience précède le dernier instant de plus loin.

Il ne faut pas s'en rapporter, pour juger des conditions de la mort par inanition, aux conjectures des gros mangeurs que la perspective de manquer un seul repas épouvante et exaspère. Chez la plupart des sanguins l'afflux périodique du suc gastrique exerce sur les terminaisons nerveuses de l'estomac un « chantage » impérieux. Mais que le jeûne soit poursuivi plus avant, la sécrétion se modérera d'elle-même et, plus encore que les autres, les boulimiques non seulement n'en pâtiront pas mais verront leur état physique s'améliorer.

La faim non associée à la soif, dans un climat tempéré, ne comporte pas de douleurs cruelles. Sous quelque latitude et dans quelques conditions qu'elle se produise, elle aboutit au délire et à l'état inconscient.

La soif prolongée se termine de la même façon mais après un premier stade d'angoisse et de souffrance très vives, qui font place également au délire avant la mort au sein du coma.

## 14. Le double cas de Saint-Exupéry

Nous avons tenu à présenter le cas du romancier Antoine de Saint-Exupéry, parce qu'il illustre à merveille la thèse de la mort douce et parce qu'il nous apporte, dans l'ordre de l'asphyxie par submersion et dans l'ordre de la mort par la soif, un double cas précis et récent.

Ce témoignage a une autre valeur. Il émane d'un homme courageux, familiarisé avec le péril, d'un intellectuel aussi, habitué à contrôler ses réactions sentimentales. C'est dire que, chez lui, le danger brutal ne constitue pas l'élément capital de surprise qui provoque le choc nerveux et l'inhibition chez l'homme moyen.

### a) Premier cas : le capotage et la noyade

Le 21 décembre 1933, l'hydravion à flotteurs Latécoère 293, piloté par Antoine de Saint-Exupéry, effectuait sa présentation pour la troisième et dernière fois avant sa réception définitive, en rade de Saint-Raphaël. L'amerrissage eut lieu à 500 mètres du rivage vers 15 h 45, à la nuit tombante.

L'appareil capota, enfermant dans sa cabine les quatre occupants : le pilote, l'ingénieur principal de l'aéronautique Mayer, le lieutenant de vaisseau Bataille, attaché au service des essais du Centre d'aviation de Fréjus et le mécanicien civil Vergès.

Vergès ouvrit la porte de la cabine par où l'ingénieur Mayer et lui purent, après quelques instants d'efforts, sortir indemnes.

Le récit fait par Saint-Exupéry au correspondant de *Paris-Soir* le lendemain de l'accident est peut-être encore plus précis et plus caractéristique :

« Nous avons passé un mauvais moment. Nous sommes restés enfermés dans notre poste de pilotage et dans la carlingue pendant près de trois minutes. Trois minutes sous l'eau, c'est long. J'étais assis à mon poste ; avant qu'il ne se remplisse d'eau, j'ai eu le temps de prendre une grande bolée d'air, puis, dans l'obscurité complète, je tâtai les murs de ma prison sous-marine.

« La trappe de sortie était coincée, les parois avaient résisté. Pas d'issue... Au bout d'une minute, je bus malgré moi, profondément, *et mes poumons se remplirent d'eau en partie.*

« *Je m'adossai à mon siège pour mourir. Aucune angoisse, même une impression de bien-être.* Par acquit de conscience j'étendis une dernière fois la main à ma droite... A mon grand étonnement je trouvai le vide.

« Je tentai de m'échapper, mais je m'aperçus alors que j'étais pris par un pied. Une pièce s'était cassée qui avait coincé mon soulier. Je tirai une fois, deux fois, trois fois, de toutes mes forces. Finalement, en me blessant assez profondément à la jambe je parvins à me dégager.

« Je me précipite par l'issue et je m'aperçois que je suis dans la carlingue. Cette fois-ci, je suis perdu ! Puis, brusquement, je m'aperçois que je peux respirer, une poche d'air s'était formée et ma tête put s'y loger. Cela me donna quelque répit. A l'autre bout de la carlingue, j'aperçus une tache grise ; c'était la porte que Vergès avait arrachée. Après avoir repris mon souffle, je me dirigeai vers cet orifice, en nageant et en tâtant la carlingue avec mes mains pour savoir si mes camarades n'y étaient point prisonniers. »

### b) Deuxième cas : la soif dans le désert

Cet exemple est frais encore dans nos souvenirs. Les faits relatés ci-après se sont produits du 29 décembre 1935 au 2 janvier 1936, au cours du voyage en avion effectué de Benghazi au Caire par A. de Saint-Exupéry en compagnie de son mécanicien Prévost.

« Nous mourions de soif, malgré le litre de café que nous bûmes entièrement, pensant recueillir, les jours suivants, la rosée que nous avions perçue le matin sur les ailes de notre appareil.

« Comme le soir tombait nous retournâmes sur nos pas. Nous dormîmes dans les débris de l'avion.

« Le deuxième jour, munis de chiffons, nous recueillîmes la valeur d'un verre de rosée.

« Ce breuvage n'était guère appétissant, c'était une eau saumâtre qui sentait la graisse à machine et l'essence. Nous l'avalâmes avec répugnance.

« Quant à manger, il n'en était pas question, car nous *avions beaucoup trop soif pour avoir faim.*

« Nous décidâmes que le lendemain nous recueillerions la rosée en nous servant comme récipient d'un pneu de l'avion ce qui nous permettrait d'en avoir une quantité plus grande.

« Nous avions, le premier jour, exploré le nord de notre point de chute.

« Le deuxième jour, nous marchâmes vers l'est, toute la journée, sans résultat. Nous commencions à désespérer. Le soir, revenant auprès des débris de notre appareil, nous étions exténués et découragés.

« Au matin du troisième jour, mercredi, nous recueillîmes, avec notre pneu d'avion, la rosée que nous conservâmes précieusement dans le réservoir à essence.

« Par malheur, les parois du réservoir étaient enduites d'un produit chimique de telle nature que nous avions à peine bu un quart de verre que nous fûmes pris de fortes douleurs abdominales. Nous dûmes nous résigner à ne pas boire.

« Nous tentâmes notre dernière chance en marchant dans une seule direction, vers le nord-ouest. L'avenir devait montrer que c'était la seule direction pouvant nous éviter de mourir de soif dans le désert.

« Nous marchâmes longtemps, assoiffés, ne pouvant pas décoller nos lèvres et manquant de salive.

« Nous avions emporté nos parachutes, pensant pouvoir les étendre le soir dans le désert pour recueillir la rosée du matin. C'était là notre dernier espoir.

« De magnifiques mirages, avec de belles villes et des maisons, s'échafaudaient devant nos yeux.

« Nous vîmes passer au-dessus de nos têtes les avions partis à notre recherche. Nous ne parvînmes pas à attirer leur attention.

« Nous découvrîmes quelques rares arbustes que nous brûlâmes pour obtenir de la fumée, ce fut en vain. Nous continuâmes notre marche.

« Le soir venu, nous découpâmes nos parachutes en lambeaux que nous étendîmes sur le sable.

« La nuit qui suivit, celle de mercredi à jeudi, nous souffrîmes cruellement du froid, car nos manteaux étaient restés auprès de l'appareil. Nous nous abritâmes tant bien que mal, anxieux de voir finir la nuit et de voir la rosée de l'aurore.

« Or, le matin du quatrième jour, il n'y eut pas la moindre rosée, les parachutes étaient secs.

« Nous étions découragés, épuisés, mais nous reprîmes la direction que nous suivions.

« Nous nous traînions plutôt que nous ne marchions.

« Le quatrième jour, nous étions complètement à bout de forces. Nous nous arrêtions tous les deux cents mètres.

« Quelques arbustes nous apparurent soudain, annonçant une oasis. Nous avions eu tellement de mirages que nous ne voulions même pas croire à la réalité. Cependant, soudain, des chameaux, puis enfin des hommes. C'étaient des bédouins qui se précipitèrent vers nous et nous apportèrent des outres d'eau fraîche.

« Nous plongeâmes nos têtes dans cette eau fraîche, au risque d'en mourir. Notre organisme desséché protesta par de terribles spasmes de la gorge et de l'estomac. »

Mais serrons d'un peu plus près le mécanisme de la soif. Après la relation publiée par les correspondants de journaux, Saint-Exupéry a narré lui-même, à tête reposée, les détails circonstanciés de son aventure.

« Il me revient à la mémoire, écrivait-il, ce que je sais du désert de Lybie. Il subsiste, dans le Sahara, 40 % d'humidité, quand elle tombe ici à 18 %. Et la vie s'évapore comme une vapeur. Les bédouins, les voyageurs, les officiers coloniaux, *enseignent que l'on tient dix-neuf heures sans boire. Après vingt heures les yeux se remplissent de lumière et la fin commence. La marche de la soif est foudroyante.*

« Mais ce vent du nord-est, ce vent anormal qui nous a trompés, qui, à l'opposé de toute prévision, nous a cloués sur ce plateau, maintenant sans doute nous prolonge. Mais quel délai nous accordera-t-il avant l'heure des *premières lumières ?*

« ... Il souffle ce vent d'ouest qui sèche l'homme en dix-neuf heures. Mon œsophage n'est pas fermé encore, mais il est dur et douloureux. J'y devine déjà quelque chose qui râcle. *Bientôt commencera cette toux, que l'on m'a décrite et que j'attends. Ma langue me gêne. Mais le plus grave est que j'aperçois déjà des taches brillantes. Quand elles se changeront en flammes, je me coucherai.*

« Nous marchons vite ? Nous profitons de la fraîcheur du petit jour. Nous savons bien qu'au grand soleil, comme l'on dit, nous ne marcherons plus. Au grand soleil...

« Nous n'avons pas le droit de transpirer. Ni même celui d'attendre. Cette fraîcheur n'est qu'une fraîcheur à 18 % d'humidité. Ce vent qui souffle vient du désert. Et sous cette caresse menteuse et tendre notre sang s'évapore.

« Nous avons mangé un peu de raisin le premier jour. Depuis trois jours, une demi-orange et une moitié de madeleine. Avec quelle salive eussions-nous mâché notre nourriture ? Mais je n'éprouve aucune faim, je n'éprouve que la soif. Et il me semble que, désormais, plus que la soif, j'éprouve les effets de la soif. Cette gorge dure. Cette langue de plâtre. Ce raclement et cet affreux goût dans la bouche. Ces sensations-là sont nouvelles pour moi. Sans doute, l'eau les guérirait-elle, mais je n'ai point de souvenirs qui leur associent ce remède. *La soif devient de plus en plus une maladie et de moins en moins un désir.*

*« Il me semble que les fontaines et les fruits m'offrent déjà des images moins déchirantes.* J'oublie le rayonnement divin de l'orange. Déjà peut-être j'oublie tout. »

A un moment donné, pendant les mirages du troisième jour, Saint-Exupéry et son mécanicien Prévost se disputent :

« — Je vous jure que c'est un lac, me dit Prévost.

— Vous êtes fou !

— A cette heure-ci, au crépuscule, cela ne peut être un mirage.

« Je ne réponds rien. J'ai renoncé depuis longtemps à croire mes yeux. Ce n'est pas un mirage, peut-être, mais alors c'est une invention de notre folie. Comment Prévost croit-il encore ?

« Prévost s'obstine.

« — C'est à vingt minutes, je vais aller voir...

« Cet entêtement m'irrite.

« — Allez voir, allez prendre... C'est excellent pour la santé. Mais s'il existe votre lac, il est salé, sachez-le bien. Salé ou non, il est au diable. Et par-dessus tout il n'existe pas.

« Prévost, les yeux fixes, s'éloigne déjà. Je les connais ces attractions souveraines ! Et moi je pense : “ Il y a aussi des somnambules qui vont se jeter droit sous les locomotives. ” Je sais que Prévost ne reviendra pas. *Ce vertige du vide le prendra et il ne pourra plus faire demi-tour. Et il tombera un peu plus loin. Et il mourra de son côté et moi du mien. Et tout cela a si peu d'importance !...*

« *Je n'estime pas d'un très bon augure cette indifférence qui m'est venue. A demi noyé, j'ai une fois déjà ressenti cette paix.* »

Enfin, voici les impressions de la troisième et dernière nuit dans le désert de Lybie.

« Je creuse une fosse dans le sable, je m'y couche et je me recouvre de sable. Mon visage seul émerge. Prévost a découvert des brindilles et allume un feu dont les flammes seront vite taries. Prévost refuse de s'enterrer sous le sable. Il préfère battre la semelle. Il a tort.

« Ma gorge demeure serrée, c'est mauvais signe. Et cependant, je me sens mieux. *Je me sens calme. Je me sens calme au-delà de toutes espérances. Je m'en vais malgré moi en voyage,* ligoté sur le pont de mon vaisseau de négriers, sous les étoiles. *Mais je ne suis peut-être pas très malheureux...*

« *Je ne sens plus le froid, à condition de ne pas remuer un muscle. Alors j'oublie mon corps endormi sous le sable. Je ne bougerai plus, et ainsi je ne souffrirai plus jamais. D'ailleurs, véritablement, l'on souffre si peu... Il y a, derrière tous ces tourments, l'orchestration de la fatigue et du délire. Et tout se change en livre d'images, en contes de fées un peu cruel...* Tout à l'heure, le vent me chassait à courre et, pour le fuir, je tournais en rond, comme une bête. Puis j'ai eu du mal à respirer : un genou m'écrasait la poitrine. Un genou. *Et je me débattais contre le poids de l'ange. Je ne fus jamais seul dans le désert. Maintenant que je ne crois plus à ce qui m'entoure, je me retire chez moi,* je ferme les yeux et je ne remue plus un cil. *Tout ce torrent d'images m'emporte, je le sens, vers un songe tranquille : les fleuves se calment dans l'épaisseur de la mer.* »

Quelques heures après le lever du soleil, Saint-Exupéry et son compagnon rencontrent l'oasis bédouine. Ils sont sauvés. Et Saint-Exupéry dit à la femme de M. Raccaud, l'ingénieur français qui les a recueillis, cette grande parole :

« *Quand on n'a plus rien à espérer, c'est facile de mourir !* »

## 15. Morts de soldats

On ne saurait parler de la mort des soldats sans distinguer la souffrance physique de la souffrance morale. C'est surtout celle-ci qui est effroyable à la guerre, en raison de ce qu'elle a de fatal et de prémédité.

La mort des soldats est une agonie arbitraire, organisée, méthodique. Le haut commandement évalue arithmétiquement qu'il lui faut mille morts, cent mille blessures et un pourcentage donné d'orphelins et de veuves pour enlever telle ligne de défense ou effacer tel saillant ennemi. Il paie avec la monnaie qu'il a, c'est-à-dire avec la vie humaine, dont nul, fut-ce l'Individu lui-même n'a le droit de disposer.

On sait que cette monnaie va souffrir. Cette monnaie le sait aussi. Aussi, dans l'esprit, elle souffre, en attendant de souffrir dans la chair.

Le condamné pénal n'a pas de sursis. Entre la toilette et l'exécution il n'y a presque pas de place pour la pensée. Le déclic suit le verre de rhum et la cigarette et le tout représente une demi-heure de cauchemar.

Le condamné patriotique ignore l'instant et le genre de sa mort. Chaque seconde de feu le promet à des mutilations inouïes.

André Thérive a dit dans *Noir et Or* (14) : « Si on lui avait

14. Éditions de la *Nouvelle Revue critique.*

offert le choix, il aurait bien voulu être mort. Parce que ce n'est pas d'être mort qui est terrible, c'est de mourir... »

Et Gabriel Chevallier dans *La Peur* (15) :

« De longs hurlements humains dominaient, par instants, tous les bruits se répercutaient en nous en ondes d'horreur et nous rappelaient, jusqu'à nous rendre flageolants, la lamentable faiblesse de notre chair, au milieu de ce volcan d'acier et de feu.

« Nos nerfs se contractaient avec des brûlures d'entaille et *plus d'un se crut blessé et ressentit, jusqu'au cœur, la déchirure terrible que sa chair imaginait à force de la redouter.* »

Au cours d'un entretien, Pierre Dominique m'a dit : « Le soldat vit dans la peur, dans la tension de l'angoisse ; s'il est frappé, il croit aussitôt qu'il va mourir. »

En dépit des littératures guerrières, le soldat à la guerre *a peur* et comme il est sans cesse exposé à cette peur, celle-ci ne détermine pas tout le bienfait habituel de la mort par surprise. La répétition de l'horreur entraîne une certaine accoutumance à l'horreur.

De l'aveu de tous, le soldat qui court sur les tranchées ennemies souffre moins moralement que celui qui subit sans bouger les effets d'un bombardement intense.

Dans le premier cas, une excitation collective se produit, due à l'attaque en nombre et à la rapidité de l'action ; dans le second, rien ne vient dériver l'attention ni la sensibilité et l'âme reste tapie au fond du corps misérable, attendant le coup suprême dans le hérissement de tous les nerfs.

Beaucoup de morts de soldats sont *apparemment* brèves et douces. Beaucoup de morts de soldats sont *apparemment* tragiques et affreuses.

Les pires de celles-ci ne semblent-elles pas être les morts de soldats tombés entre les deux camps. Il se produit cependant une admirable accommodation, malgré les plaintes, les lamentations qui sortent, en pareil cas, de la bête humaine, parfois sans l'aveu de l'esprit. Nous avons recueilli cette observation du docteur

---

15. Librairie Stock.

S... P... qui s'applique à l'agonie prolongée du soldat tombé « entre les lignes ».

« Son cou avait été traversé par une balle qui avait sectionné la moelle épinière. Le blessé demeure trente heures sans être relevé, entre les tranchées adverses. Pas un instant, d'après son aveu, il ne perdit conscience. Et cependant *il n'a jamais souffert une seconde.* Il a seulement déclaré avoir été incommodé par l'impossibilité de remuer les jambes et les bras.

« Est mort trois mois après d'escarres généralisées. »

A. t'Serstevens nous a conté ceci : « A la guerre, Blaise Cendrars est atteint au bras droit. Il souffre atrocement et entend une voix humaine *gueulant* (sic) d'une façon abominable. Soudain il se rend compte que c'est lui-même qui pousse ces clameurs. Aussitôt " l'animal " dompté se tait. Cendrars avec sa main gauche, cherche son couteau dans sa poche droite et coupe le lambeau de chair qui retenait son bras mutilé. Puis il se sauve, non sans se retourner plusieurs fois pour voir le bras et la main qu'il abandonne. »

Cette observation d'intellectuel est à retenir en ce qu'elle montre le débat de l'intelligence et de l'instinct. Celui-ci se déchaîne hors du contrôle du mental sous forme de cris sauvages. Puis l'intelligence intervient pour parfaire la mutilation mais, songeant que le membre mutilé fut l'exécuteur de sa pensée, l'écrivain ne peut se résoudre à fuir qu'après avoir regardé une dernière fois le bon serviteur de muscles et d'os abandonné.

Quant à la souffrance atroce, le fut-elle vraiment tant que cela ? C'est peu probable. Le début d'une grande mutilation est généralement insensible. Blaise Cendrars a éprouvé un émoi psychique violent. Rassemblant ses souvenirs *après,* il a dû, comme tant d'autres, confondre les affres morales avec les affres physiques, et il est de fait qu'il est souvent difficile de les distinguer.

M. de Varigny a consacré un certain nombre de pages à la question et il pense, comme la plupart des médecins de guerre que nous avons questionnés, que les plaies superficielles sont plus douloureuses que les plaies profondes, parce que, dans les premières, les terminaisons nerveuses sont seulement lésées, tandis que, dans les secondes, le réseau périphérique est détruit.

« Il n'y a, dit-il fort justement, aucune proportionnalité, aucun rapport entre la gravité d'une blessure et la douleur qu'elle provoque. »

Les plaies résultant d'armes à feu donnent l'impression d'un coup de bâton, d'un coup de fouet, d'un coup de cravache, parfois d'une tape, parfois d'un choc. Beaucoup n'éprouvent rien du tout et reprennent conscience sur le sol ou dans un lit d'ambulance, à moins que la mort ne se soit manifestée auparavant.

Passons à des témoignages plus récents d'écrivains combattants dont plusieurs sont également cités par H. de Varigny :

« Je ressens un choc violent et suis projeté à terre. J'ai reçu une balle dans la mâchoire. Aucune douleur, mais une " tape " formidable qui me fait voir trente-six chandelles... Le reste de cette nuit s'est passé pour moi dans une sorte de demi-conscience. Je m'évanouissais, puis reprenais connaissance, puis retombais dans les ténèbres. »

La suite du même témoignage est d'un haut enseignement.

« Ma première impression, une fois couché, fut celle d'une extrême faiblesse et d'une immense détente. Je me sentais, en même temps que parfaitement lucide, d'une faiblesse telle que je ne pouvais lever la tête de l'oreiller sans avoir la sensation de m'évanouir. J'étais étendu sur le dos, tout de mon long, les yeux ouverts, le corps absolument abandonné et immobile jusqu'aux doigts, dans un état de repos lucide que je n'avais jamais éprouvé et que je ne devais plus connaître (peut-être le connaîtrai-je une seconde fois qui sera la dernière, à l'heure définitive, qui sera la vraie cette fois, de ma mort). Mes idées étaient parfaitement claires et débrouillées, ma cervelle toute nette et comme nettoyée de tout ce qui aurait pu y mettre une brume ; mon souvenir vigilant et éveillé ; seulement j'avais l'impression d'une impossibilité totale d'exprimer ma pensée, non seulement par des mots, mais même par des gestes, la sensation physique d'un obstacle matériel opaque insoulevable, d'une infranchissable distance entre la pensée qui veillait tout au fond de moi-même et sa réalisation au dehors.

Il me semblait que ma vie ne tenait plus qu'à un fil, qu'elle s'était réfugiée tout au fond, tout au fond de moi-même, où elle résistait encore en se concentrant, en s'isolant comme une toute petite veilleuse que les souffles du dehors abattraient aussitôt. En même temps je me sentais bien, au repos, détendu, " décroché ", je jouissais de cette chose extraordinaire, cette chose fraternelle de douceur, de chaleur, qu'est le lit pour le blessé, le lit après les champs de bataille, les pansements, les transports...

« ... J'entendis la sœur qui disait d'une voix nette : — Il en a encore pour deux heures. » Je ne puis pas dire que cet arrêt m'étonna beaucoup : je me sentais d'une telle faiblesse. Il se produisit cependant l'impression ressentie toujours quand ce qui n'était qu'une hypothèse dans votre esprit se change en certitude ; *j'eus à ce moment une sensation d'angoisse ; je connus la lutte intérieure, violente et pénible, le débat suprême de l'âme devant le sacrifice clairement aperçu dans la pleine lucidité de la conscience.* Je conserve, j'espère conserver toujours le souvenir net de ce moment. Je prix Dieu qu'il ne s'enlève pas de devant ma mémoire, mais qu'il y reste comme un avertissement, une salutaire exhortation à la préparation *d'un instant qui, pour ne pas être trop déchirant, doit avoir été fixé durant cette vie du regard clair de l'acceptation.* Pour être courageusement quittée, la vie doit avoir été couragement vécue. Ce n'est pas en éludant la vue de l'inévitable qu'on en diminue l'amertume. Je considère comme une première grâce de la Providence de m'avoir fait connaître l'entrée du " tunnel " ; je lui demande la seconde grâce de m'en faire franchir un jour la sortie sans trop d'angoisse.

« A partir de cet instant précis (la Confession) je sentis un calme absolu s'établir en moi ; plus de lutte ni d'angoisse... Dès cet instant je fus pendant toute cette nuit infiniment calme, je dirais presque heureux, si ce terme pouvait s'appliquer à la sérénité conçue dans son expression la plus absolue. »

(*Souvenirs de captivité et d'évasion,* de Robert d'Harcourt.)

Et ce témoignage d'un officier anonyme :

« J'ai senti comme un coup de massue dans le dos, bien que j'aie été frappé de face. J'ai tournoyé sur moi-même. Mon sabre, dont j'avais baissé la pointe pour une charge dont je savais que je ne reviendrais pas, est allé se planter au loin.

« La balle continuant sa course est allée blesser à l'épaule le soldat qui me suivait, et moi, malgré la volonté que j'avais de rester debout, je me suis affaissé, sentant ma vie s'en aller peu à peu. J'ai eu l'impression de mourir dans une béatitude parfaite. »

Même dans les circonstances les plus atroces en apparence, comment peut-on dire avec certitude qu'il y a souffrance ? Dans *Au front*, M. d'Hartoy parle du capitaine B..., resté pendant quatre heures avec les boyaux à jour et le ventre ouvert.

« Il est tombé contre son gourbi, dans le bois des Zouaves, un éclat de 105 au-dessus du nombril. Il s'est mis à rire, à rire effroyablement, longtemps, longtemps, jusqu'à ce que le médecin-major vienne lui faire une piqûre. »

Mais pourquoi M. d'Hartoy ajoute-t-il : « On peut dire qu'il s'est vu mourir au compte-gouttes, celui-là. » Tout porte à croire, au contraire, que le capitaine B... ne s'est pas vu mourir.

J'ai assisté à la mort civile de l'un des miens, en 1917, à la suite d'une maladie inexorable. Au cours de la dernière journée d'une longue lutte il se mit à exhaler, à longueur de souffle, une clameur puissante, monocorde, qui n'était ni une plainte, ni un appel, mais quelque chose d'implacable, comme une constatation. Et cela dura des heures ainsi, en dépit même des piqûres de morphine et cela porta sur les nerfs de l'entourage, à tel point, que tous les parents furent saisis, irrésistiblement, par une sorte de rire convulsif. La nature se libérait automatiquement de l'angoisse et de la fatigue de longs jours sous la forme la plus imprévue. Et je me souviendrai toujours de ce rire contagieux, sinistre, sorti du fond même de la douleur.

Ainsi riait le capitaine B..., comme l'autre émettait des sons inarticulés, ou hurlait, ou sanglotait. Et c'était effectivement une chose affreuse... *pour les témoins seulement.*

Mais aussi, à côté de ce tragique inconscient, que de témoignages indiscutables en sens opposé et ceux-là en plein accord de l'intelligence !

« Il (le grand blessé) me prit la main, et sans force pour parler il fixa mes yeux, souriant — lui qui craignait la mort et ne s'en cachait pas — d'un sourire aussi plein, aussi profond, aussi épanoui que celui de saint Jean-Baptiste au doigt levé de Vinci, et ce sourire, comme celui de saint Jean, voulait dire : “ Ami, je sais maintenant. Cela n’est pas du tout terrible, je t’assure. ” »

*(Face à face.* — Lieutenant Péricard.)

C’est le même lieutenant Péricard qui a écrit :

« *Je puis compter les agonies que j’ai vu s’achever* dans les gémissements. »

L’anecdote suivante qui m’a été racontée par le blessé en personne met lumineusement en relief la différence des sensations qu’on relève entre la blessure superficielle et celle des tissus profonds.

Pierre Dominique est atteint par des éclats d’obus. Il ressent un choc léger à la face externe d’un bras et une vive douleur au genou. Il vérifie sa jambe ; aucune trace de blessure. A ce moment, il s’aperçoit que son bras ruisselle de sang. Un éclat assez considérable est venu se loger en plein muscle au voisinage de l’os.

Même témoignage du commandant Stéfani qui, durant l’action, se trouve frappé dans les jambes. Il ne se rend nullement compte, durant un temps assez long, de la blessure grave qui nécessitera un sondage et une extraction douloureuse, mais il souffre terriblement de la contusion qu’une pierre projetée lui a faite au voisinage du genou.

« Pendant la guerre, m’écrit Armand Mercier, écrivain et médecin, il m’est arrivé d’avoir à donner mes soins à des soldats enfouis par des éclatements d’obus ou ensevelis dans un abri éboulé. La commotion violente qui, dans tous les cas, était à l’origine de l’accident, les avait préalablement privés de toute sensation, et leur rappel à la vie prenait l’apparence du réveil succédant à un sommeil anesthésique dont ils ne se rappelaient pas l’origine. »

D’après le docteur René Allendy : « Un soldat, le crâne fracassé par un éclat d’obus, a mis plusieurs heures à mourir : il continuait à fredonner un air de chanson qu’il avait dans l’esprit au moment de la blessure. »

Ne dirait-on pas le leitmotiv sur la même spire dont sont coutumiers les disques de phonos usagés ?

Voici, d'autre part, un témoignage circonstancié que m'a adressé André Thérive :

« J'ai fait ma petite répétition de la mort, le 6 septembre 1914, à 15 heures, couché en tirailleur devant Ville-sur-Cousance (Meuse). J'ai reçu une balle au front, qui atteignit l'os crânien, mais non le cerveau, et me laissa sans connaissance. Impression d'une immense décharge électrique. Conscience d'une *fatalité* qu'on reçoit avec *fureur* et *révolte :* " Zut ! *ça* devait arriver ! " en serait la traduction grossière. Plongé dans un sommeil angoissé, où l'impuissance est torturante.

« Ranimé, sourd et provisoirement aveugle. Mais c'est une autre question... Puis l'extérieur apparaît *décoloré,* sans ton, rien que blanc et noir. »

Cela mérite examen. André Thérive est un intellectuel raffiné, habitué à l'analyse et à l'autocritique. Il était préparé à ce qui allait survenir et vivait dans l'attente du coup. D'où sa réaction d'ordre cérébral. Mais dans tout cela, rien de la douleur physique. Du sommeil angoissé, de la fureur et de la révolte, de l'impuissance torturante, en somme tous les éléments d'un cauchemar.

Autre témoignage direct, celui de M. M... C..., ancien mitrailleur de chasseurs à pied. Il est d'abord blessé par une balle entrée par le dos de la main et sortie par le creux après avoir brisé un os du carpe. Il ne s'en aperçoit (et par la vue du sang qui coule) qu'au bout d'un moment. Presque aussitôt après, une grenade en tôle lui explose entre les jambes. Quantités d'éclats l'atteignent dans les reins et au bas-ventre (l'un d'eux allait nécessiter, par la suite, une opération très délicate) et le plus gros pénètre sous l'omoplate, lui donnant l'impression « d'avoir reçu une pierre dans le dos ». Il ne connaît qu'en arrivant au poste de secours l'existence de cette blessure.

Un agent de liaison blessé par trois éclats d'obus et relevé inanimé *après de nombreuses heures,* reconstitue comme il suit son aventure, lorsqu'il est sorti du coma : « *Je m'étais engagé dans un boyau, tenant le billet à la main. Alors j'entendis une voix qui disait : " Le voilà qui ouvre les yeux !... " Et je me réveillai sur un lit d'ambulance.* » Il y avait deux jours qu'il avait été blessé.

Les éclats demeurés à la périphérie causent d'ordinaire des souffrances très vives.

« La grenade m'avait criblé d'éclats. Heureusement elle était en fer blanc, tellement divisée par l'explosion, que ces éclats n'avaient pas grande force. Presque tous sont demeurés à fleur de peau, et maintenant encore, après quelques semaines, si je presse fortement ces boutons qui me viennent dans le milieu du corps, ils suppurent une parcelle de métal très aiguë. Il doit en rester pas mal d'autres. » (*La Peur,* Gabriel Chevallier.)

Notre ami, le docteur J.-R. P..., médecin d'ambulance, m'a dit : « Que j'en ai vu mourir de petits soldats !... Ils étaient immobiles et muets, le visage de cire, les uns avec les yeux fermés, les autres avec les yeux ouverts... Souffraient-ils ? Je ne le crois pas... Ils s'en allaient sans une plainte. »

Et sur une autre interrogation, le même médecin ajouta : « Pour moi, on meurt comme on s'endort. »

Les morts de blessure à l'hôpital finissent souvent comme les morts de maladie.

« Le second cas est celui d'un adjudant qui traverse une crise d'albumine aiguë. L'analyse révèle un pourcentage mortel. L'homme est depuis deux jours complètement aveugle et se débat faiblement dans la nuit. Quelque chose veille encore en lui, comme la flamme d'un bec qu'on a baissé, mais l'esprit est parti. On ne s'arrête plus devant son lit ; la médecine a épuisé ses ressources et laisse à l'organisme le soin de faire un miracle. On va le descendre aussi. Il est probable qu'il passera sans transition du noir de cette agonie au noir du cercueil. » (*Au front,* Robert d'Hartoy.)

« Celui-là qui va mourir est calme et grave. Il ne souffre pas ; il dort presque, il rêve presque, et ses idées s'embrouillent dans les mots qui sortent de sa bouche... Je lui demande comment il se trouve et je me penche très bas pour entendre sa réponse qui dépasse à peine ses lèvres. "Tout à fait bien, tout à fait bien..." » (*Souvenir de captivité et d'évasion,* Robert d'Harcourt.)

CHAPITRE VIII

# Les morts artificielles et provisoires

L'étude du phénomène de l'avant-mort amène, tout naturellement, à l'étude des états qui lui ressemblent et dans lesquels l'être humain n'a que partiellement ou n'a plus du tout conscience de ce qui se passe en lui ou autour de lui.

Tels sont l'anesthésie, la narcose, la syncope, la léthargie, la catalepsie, le sommeil.

Le mécanisme de la perte du sentiment est, en effet, à peu près invariablement le même, quelle qu'en soit la cause. Et connaître la façon dont on s'anesthésie, s'évanouit ou s'endort, c'est connaître la façon dont on meurt.

Ces états intermédiaires sont comme des vestibules de la mort. Ils ont une porte d'entrée et une porte de sortie. Généralement, la première est ouverte et la seconde fermée. Mais il arrive que l'ordre soit interverti.

Dans ce cas la pensée, entrée dans l'antichambre-sommeil, syncope, anesthésie, continue sa marche dans le phénomène et, trouvant l'issue du fond ouverte, disparaît pour ne plus revenir.

## 1. L'anesthésie

On se sert de l'anesthésie comme on use de l'électricité. On sait ce qu'il faut faire pour l'obtenir et quels agents on doit mettre en action pour qu'elle agisse. On ignore son processus initial, son origine. Les effets seuls se voient ; les causes nous en échappent.

Une fois de plus la science explique le *comment* mais non le *pourquoi.*

M. L. Ambard, professeur à l'Université de Strasbourg, a dit quelque part dans *la Biologie* (1) :

« L'anesthésie nous a appris encore qu'il existe une hiérarchie des centres quant à leur susceptibilité vis-à-vis de la drogue anesthésique. Les centres paralysés en premier sont les centres psychiques ; viennent ensuite les centres cortico-moteurs ; ensuite les centres médullaires et, en dernier lieu, les centres respiratoires. »

Or, cet ordre, comme le fait remarquer le professeur Ambard, est fort heureux car s'il était en sens contraire, c'est-à-dire si la respiration était abolie avant la conscience, il n'y aurait pas d'anesthésie chirurgicale des patients.

« L'anesthésie, dit L. Ambard, supprime la sensibilité, la conscience et le mouvement en général, mais elle respecte certains mouvements et aussi les processus élémentaires de la vie.

« Un sujet anesthésié ne peut mouvoir sa jambe, mais il continue à respirer et son cœur continue à battre. Naturellement aussi, ses échanges intimes se poursuivent, il consomme de l'oxygène et élimine l'acide carbonique. La *vie de relations est supprimée, la vie végétative persiste*. On peut encore décrire autrement l'anesthésie. On peut dire qu'elle atteint uniquement les centres nerveux, mais en respectant l'un d'entre eux, celui de la respiration. »

« ... Une question qui a été souvent discutée est de savoir si un sujet endormi ne souffre réellement pas et si son absence de réaction n'est pas due à l'impossibilité où il se trouve de manifester sa douleur. Un chien curarisé, par exemple, est inerte, mais comme il est paralysé, il ne peut réagir à la douleur.

« Il n'en est certainement pas de même du sujet anesthésié ; et nous devons le penser pour plusieurs raisons.

« D'abord le sujet anesthésié ne se rappelle rien de ce qui se passe pendant l'opération, c'est-à-dire dans la phase où il pourrait souffrir. *Or, si les excitations douloureuses étaient accompagnées de conscience, et c'est le seul cas où il est possible de parler de dou-*

1. E. de Boccard, éditeur.

*leur, il se rappellerait. L'abolition de la conscience à un moment donné ne supprime aucunement le souvenir des sensations antécédentes. Si l'on commence à opérer avant que le malade ne soit endormi, le sujet sait très bien à son réveil vous reprocher qu'il a souffert.*

« Une autre raison, celle-ci d'ordre général, nous impose encore la conviction que le malade anesthésié ne souffre pas. C'est que de toutes les fonctions centrales *la plus fragile est la conscience. Alors même que le malade n'est pas encore endormi au sens chirurgical du mot, il n'est déjà plus conscient.* Au début de la narcose beaucoup de sujets deviennent loquaces, émettent des phrases incohérentes, répètent certains mots, mais à leur réveil ils n'ont plus le souvenir ni de ces paroles, ni de ces mots ; ils n'en étaient donc pas conscients (2). »

Il y a autant de réactions de la conscience à l'anesthésie qu'il y a d'anesthésiés. Beaucoup enregistrent des bruits ; quelques-uns, plus rares, des odeurs. Tous ont les sensations d'un vertige qui prend toutes sortes d'aspects. Ceux-ci montent, ceux-là descendent. D'autres tournent, volent ou planent. Il en est qui enregistrent des visions colorées, comme l'a éprouvé le grand poète Edmond Haraucourt, jusqu'au moment où tout sombre dans l'incohérent et l'obscur.

« L'anesthésie, écrit Gabriel Chevallier dans *La Peur*, m'a donné nettement l'impression de la mort ; le passage ne doit pas être un instant si difficile qu'on le croit, s'il ne s'accompagne des douleurs qui sont le fait de la maladie. Il faut surmonter l'angoisse, prendre la résolution de s'anéantir. Sous l'action du chloroforme on cesse rapidement de sentir son corps ; il n'existe plus. Toute la vie reflue dans le cerveau qui bourdonne. Le mien, jusqu'au moment où il s'évanouit à son tour, ne perdit pas sa lucidité. Libéré de toute pesanteur charnelle, je n'étais plus qu'un esprit, et j'eus la notion fugitive du pur esprit, de l'ange, petite flamme dansante, petite fleur d'allégresse. Je me disais : "Tu

---

2. Le spectacle qu'ils donnent inconsciemment n'en agit pas moins sur les témoins qui raisonnent. Et si jamais aucun opéré n'avait repris ses sens pour dire qu'il n'avait rien senti durant l'anesthésie, beaucoup demeureraient persuadés que celle-ci n'empêche pas de sentir.

meurs !" et : "Tu ne meurs pas sérieusement", et peut-être : "Après tout..." Je n'opposais aucune résistance à cette destruction grandissante. Puis ma pensée, lointaine veilleuse, ne jeta plus en moi qu'une lueur confuse, vacilla sur le clair-obscur de mon être, et je tombai dans la nuit, dans la mort, sans en avoir conscience. »

Un de nos parents, grièvement blessé et fait prisonnier par les Allemands, est anesthésié dans un hôpital germanique.

« On m'avait conseillé, dit-il, de respirer fortement. Je le fis, pour être endormi au plus vite. Les sensations commencèrent par un bruit de sonnettes, puis de cloches qui alla croissant jusqu'au moment où je me sentis descendre, comme au bout d'une corde, au fond d'un grand puits. Dans tout cela, je n'éprouvai que de la curiosité ; aucune impression désagréable. Ce fut quelque chose comme un rêve agité ou un médiocre cauchemar. »

La femme intelligente et observatrice d'un haut fonctionnaire français a reconstitué avec précision dans *le Lien médical* (3) et sous le pseudonyme de Renée String, la suite de ses impressions d'anesthésiée lors d'une opération des plus graves.

Ce témoignage a d'autant plus de valeur que Mme Renée String avait été infirmière-major et que son observation bénéficia d'une expérience de longs mois. Nous en reproduisons la plus grande partie de manière à lui conserver son atmosphère.

« — Respirez profondément, Madame.

— Je respire, l'odeur ne m'incommode pas. Maintenant une sonorité régulière heurte mes oreilles :

— To-kalon... To-kalon, mes yeux voient des diamants petits, à mille facettes... " To-kalon... To-kalon ", de plus en plus fort, de plus en plus vite, comme une roue qui tourne, comme les images d'un kaléidoscope. " To-kalon... " Éblouissement de blancheurs, toutes convergeant vers un point, là, en bas, où je tombe moi-même... c'est fini.

« 5 heures du soir. — La vie par fuseaux lumineux passe devant moi, comme le balai d'un phare dans les ténèbres sur la mer.

---

3. Numéro de mars-avril 1929.

« Sensation de réveil, effroi de l'opération qui va se faire, qui doit être en train. Je vais souffrir le frigide toucher du bistouri et j'aspire profondément pour m'abrutir d'éther, vite... Une voix parle : "Tout est fini, tout s'est bien passé, il faut vous réveiller."

« C'est étrange, je ne sens rien.

« Et de nouveau la nuit.

« Autre fuseau : le poids de plomb que pèsent les couvertures écrase mes pieds trop faibles...

« Et de nouveau la nuit.

« Dans un éclair, je vois la tête de mon patron. Je reconnais lucidement son expression des heures de grosse inquiétude. Le médecin aussi est là, anxieux. Je comprends que mon état est grave.

« Dans un halo, j'aperçois la silhouette de Line ; à gauche de mon lit, mais très nettement à gauche — alors qu'il était à droite en réalité — je vois mon frère. Puis, je ne vois plus rien.

« Si — le lavage d'estomac — la religieuse m'encourage. J'avale le tube. "Attention, entends-je, elle le recrache." Je reprends conscience et porte le tube dans l'angle droit de ma bouche où il me soulève le cœur.

« Vaguement, j'aperçois une grande flaque noire. Vaguement, aussi, je me sens soulagée. Ce qui se traduit instantanément par la notion de mon immense faiblesse.

« J'articule des paroles sensées. Je suis des idées que ma mémoire n'enregistre pas (je les ai recueillies plus tard des lèvres de ceux qui m'entouraient) :

« Mal..., ventre...

« *Or, pas une minute consciemment ni avant, ni après l'opération je n'ai souffert de mon ventre...* »

Soulignons particulièrement ce dernier paragraphe duquel il résulte que la voix de la malade s'est expressément plainte d'une souffrance du ventre, alors que la malade elle-même déclare qu'elle n'a souffert à aucun moment.

Si, par conséquent, l'opérée était morte à la suite de l'intervention, ceux qui l'entouraient *auraient toujours été persuadés qu'elle avait souffert du ventre.*

## 2. Narcose

L'action des narcotiques tiendrait le milieu entre celle des anesthésiants et celle du sommeil naturel.

Leur infiltration dans l'organisme se fait insidieusement et par paliers insensibles. Ils sont créateurs d'une euphorie d'autant plus agréable qu'ils la substituent souvent à la douleur.

L'opium a des vertus indéniables et, tel qu'il est, adoucit beaucoup de maux avant qu'on en eût extrait la morphine. Celle-ci est l'agent de choix de la narcose et celui qui fait disparaître avec le plus de rapidité aimable les perceptions du conscient.

Vibert a dit, quelque part :

« Nous avons vu une femme qui, ayant reçu une forte dose de morphine pour calmer des coliques hépatiques, s'endormit en exprimant à plusieurs reprises la satisfaction et le bien-être qu'elle éprouvait, et qui mourut, trente heures après , sans s'être réveillée. Le sommeil n'est d'abord pas très profond ; en interpellant le malade, en le secouant, on peut le réveiller, obtenir de lui des réponses sensées, mais dès qu'on l'abandonne à lui-même, il se rendort. Comme la sensibilité sensorielle cutanée s'émousse, puis disparaît complètement, au bout de quelque temps rien ne peut interrompre le sommeil qui est devenu un véritable coma. »

Les barbituriques (Gardénal, Véronal, etc.) provoquent les mêmes résultats mais, semble-t-il, avec moins de puissance aisée et avec une euphorie moins grande. En outre, leur action varie beaucoup d'un tempérament à l'autre. Ils n'en obtiennent pas moins la disparition de la conscience et la chute dans le sommeil profond.

L'action exagérée de la narcose conduit au seuil de la mort et jusqu'à la mort même. Il n'y a, dans cette alternative, aucune notion consciente du passage parce que le palier de la narcose profonde est au même niveau que le palier de la mort.

## 3. Syncope

Parmi les états qui ressemblent à la mort, la syncope a droit à une place éminente, lorsqu'elle comporte, avec la disparition de la conscience, de la sensibilité et du mouvement, l'arrêt du cœur.

La science contemporaine, si prompte à tout étudier en détail, n'a pas honoré la syncope d'une attention spéciale. Nous ne croyons pas qu'il existe, en dehors d'articles de revues ou de dictionnaires, un ouvrage traitant l'ensemble de la question.

L'état syncopal est fréquemment précédé par des vertiges, du malaise, de l'éblouissement, du bourdonnement ou de tintements d'oreilles. La face pâlit, la surface du corps et les extrémités des membres deviennent froides et le sujet tombe en pâmoison. D'autres fois, la syncope s'installe d'un coup, d'une manière foudroyante.

L'état syncopal peut durer quelques secondes ou quelques minutes. La syncope grave, avec arrêt du cœur, ne permet pas à la vie de durer longtemps. Peut-on dire que, pendant ce temps, les fonctions respiratoires et circulatoires sont *totalement* interrompues ? C'est peu probable, dans la plupart des cas, tout au moins.

A cet instant, où presque toutes les fonctions sont suspendues, où le cœur ne se contracte plus, où les cellules du cerveau ne sont plus irriguées, l'homme est aussi près de la mort que possible puisqu'il suffit de quelques secondes pour que la vie ne revienne pas.

Quelles sont donc les sensations du syncopé avant la syncope et durant la syncope ?

Ici, nous mettrons en avant une autre observation personnelle.

## 4. Note sur l'état présyncopal

« Durant mon enfance, ma jeunesse et la première partie de l'âge mûr, toutes les fois qu'étant baissé ou accroupi durant longtemps (plantations, recherches aux rayons inférieurs d'une bibliothèque, etc.), je me relevais brusquement, un trouble d'un certain ordre se manifestait dans mon organisme. Ce trouble, suivant la durée de constriction des vaisseaux des jambes, ne durait que quelques instants, de deux à dix secondes au plus. Bien qu'il soit devenu rare, je l'éprouve encore parfois au cours de certaines attitudes. Il est aussi caractérisé par une vague de chaleur dans les tempes et à la nuque, tandis que, simultanément, un nuage passe devant mes yeux. *Il n'y a pas le moindre malaise*, mais seulement une sensation anormale. Un vertige ample, puissant et infiniment doux me courbe sous sa loi.

« Dans les cas légers, je suis privé de vision durant un temps extrêmement court et le vertige n'est pas assez accentué pour me faire perdre l'équilibre. Ma conscience demeure alors à peu près intacte et s'attache à considérer les phases de l'état anormal. Si le phénomène s'accentue, le vertige devient plus puissant. Je suis alors contraint de m'appuyer à un meuble ou à un arbre. Ma conscience est à ce moment comme une chose débordée et qui lutte de son mieux pour ne pas être emportée par le courant. Je souligne que cette lutte ne comporte rien de désagréable à aucun moment. Au contraire, sachant comment *l'éblouissement* se déroulera, je m'y prête avec complaisance, comme si je faisais l'apprentissage d'une descente en ski dans l'inconscient.

« Enfin, il m'est arrivé certaines fois d'atteindre à la perte totale de la conscience. Dans ce cas, le vent de chaleur se lève plus vite et la force, toujours merveilleusement douce, mais cette fois toute-puissante du vertige me courbe et m'emporte à toute vitesse, je ne sais où.

« Jamais je ne suis tombé à terre (4), mais lorsque l'état présyncopal atteint 8 ou 10 secondes, mon corps s'incline de plus en plus et, si le phénomène durait davantage, ma résistance musculaire s'évanouirait. Je me suis retrouvé parfois à demi penché, en porte-à-faux, déjà tout prêt pour la chute et cependant toujours assez " accroché " pour être resté debout.

« Le retour à l'état normal se fait par la voie du même état chaud (irrigation sanguine apaisée) et l'invisible main qui était sur moi m'abandonne avec un "caressement" très doux.

« Si la conscience s'est abolie, la voici qui revient et sa sur-

---

4. Depuis que cela a été écrit (1937), j'ai réalisé jusqu'au bout l'expérience. Un jour de l'été 1954, je me suis levé d'un fauteuil que j'occupais et j'ai senti un vague malaise. Puis des cris me réveillèrent. J'étais étendu par terre et ma fille, penchée au-dessus de moi, m'appelait avec force : « Papa, papa ! qu'est-ce qui t'arrive ? » J'avais été syncopé debout et je n'en gardais pas le moindre souvenir.

prise est considérable : "Qu'est-ce qu'il y a ?... Que se passe-t-il ?... Que vient-il de m'arriver ?..." Puis la remémoration s'établit. Je sais à quelle sorte de phénomène j'ai eu à faire. La vue m'est restituée avant la mémoire. Les choses extérieures m'apparaissent dans un jour spécial.

« Si j'étais dans mon lit, je ne ferais certainement aucune différence de cet état avec le réveil qui suit une nuit parfaite. Même douceur graduée, même flottante demi-conscience. Seulement ici, c'est un sommeil vertical, avec le réveil debout. »

Qui ne voit, à la lumière de cette observation répétée souventes fois et dont nous garantissons la fidélité absolue, que passer de l'état présyncopal à la syncope est le plus aisé des chemins ?

Sans doute, il y a plusieurs manières d'arriver à la syncope, mais il n'y a pas plusieurs manières d'y être. Ici, l'inconscience est totale et le passage de la syncope à la mort échappe complètement au sentiment.

Il peut se faire que, dans certains cas, le retour de la conscience s'accompagne d'impressions moins agréables. Mais cela est une autre affaire et qui n'a rien à voir avec notre sujet.

« J'ai eu pendant la guerre, après avoir volé par un froid glacial (c'était au début, dans les cages à poules) en tombant raide par terre dès mon entrée dans une salle trop chauffée, le sentiment de mourir ; mais insensiblement, je me ressaisis. Cela me parut bizarre, encore que simple, et désagréable, et je m'efforçai de n'y plus penser. » (*Témoignage de M. André Lebey*, poète et philosophe.)

Le docteur Sollier cite un cas de restitution des impressions d'une syncopée dans un travail sur le « *Moi des Mourants* ». Il est vrai *qu'il s'agit d'une morphinomane* au début du « sevrage » et que *les sensations initiales de celle-ci ont pu être adultérées par la privation soudaine et récente de la drogue*. Épuisement profond, fer rouge du vertex à la nuque, puis détente et déroulement de l'existence. Enfin, son cœur lui parut comme enveloppé de glace et occuper toute la poitrine ; alors tout disparut brusquement comme dans un tourbillon. Elle sentit qu'elle disparaissait, elle aussi, et éprouvait une sorte de bien-être, de calme. Elle se dit : « C'est ça la mort, ça n'est pas très dur. »

Il peut donc y avoir divergence de sensation au début, suivant le tempérament des intéressés, leur état de santé et les circonstances, mais dès que le phénomène prend de l'ampleur toutes les conditions se trouvent égalisées et chacun se présente dans le même état de nudité sentimentale devant la syncope et devant la mort.

## 5. Léthargie et catalepsie

La léthargie ressemble encore davantage à la mort. Elle représente l'état de sommeil à son plus haut degré et semble être une combinaison de la syncope et de l'asphyxie. Dans certaines formes léthargiques — qui sont d'ordinaire les plus prolongées — toutes les fonctions ne sont pas apparemment arrêtées et les battements du cœur, la respiration, la circulation sont encore vérifiables. Dans d'autres, l'épiderme et le derme revêtent l'aspect cadavérique et toute fonction comme tout sentiment paraissent être suspendus. Tel est peut-être le cas des rares personnes enterrées prématurément, et vraisemblablement celui des fakirs, bien qu'il n'ait pas toujours été possible d'en faire le contrôle méthodique. Dans la léthargie profonde un nouveau rythme se substitue à l'ancien. La fonction cardiaque et la fonction respiratoire sont comme si elles n'étaient pas. La circulation est peu décelable. Les échanges s'effectuent par des voies anormales et par des procédés inhabituels.

On ignore tout des causes de cet état pathologique second, par quoi certaines possibilités ignorées de l'organisme humain s'entraperçoivent.

Le sommeil léthargique finit comme il commence, sans laisser au sujet le moindre souvenir et sans affecter son état de santé.

Mais la catalepsie est certainement, de tous les états physiologiques, celui qui donne l'apparence la plus fidèle non plus de l'avant-mort mais, cette fois, de la mort même. Tandis que le léthargique conserve l'élasticité de ses tissus, le cataleptique arrive à la raideur tétanique et ressemble si exactement au cadavre qu'il n'en est apparemment séparé que par l'absence de putréfaction.

Dans cet état, comme dans celui de léthargie, les centres nerveux sont pour ainsi dire abolis. Aucune restitution mémorielle n'est faite par les léthargiques et les cataleptiques. Leurs sommeils anormaux sont sans histoire. Ils en sortent comme ils y étaient entrés.

## 6. Knock-out

Il nous a paru curieux d'examiner, à côté des états d'inconscience survenus progressivement, l'état d'inconscience provoqué brusquement par un traumatisme.

Cela nous a conduit à analyser les sensations éprouvées par un boxeur qui vient d'être mis knock-out.

Les fervents de la boxe n'ignorent pas que cette syncope d'ordre particulier est généralement obtenue soit par un coup à la pointe du menton, soit par un coup au plexus solaire et que l'évanouissement brutal qui suit peut aller de quelques secondes à plusieurs minutes, sans compter les cas exceptionnels où le boxeur vaincu reste privé de connaissance durant des heures et même où celui-ci passe de la syncope dans le coma puis dans la mort.

S'il y a une situation dans laquelle il semble qu'il y ait apparemment douleur, c'est bien celle du « knock-outé », atteint avec une violence inhabituelle dans une des formations nerveuses les plus riches et les plus délicates de son organisme.

Or, on va voir qu'il n'en est rien, d'après Jacques Mortane qui, dans son livre *L'Ame des Poings* (5) rapporte le précieux témoignage de l'ancien champion du monde poids lourds, Robert Fitzsimmons.

« Quels sont les effets de cette attaque *qui crée une mort artificielle de quelques instants ? Robert Fitzsimmons* raconta ses impressions au fameux dessinateur américain Dana Gibson qui les rapporta en ces termes expressifs :

« Fitz compare cet instant à l'audition d'un orchestre. Lorsqu'un boxeur est frappé à la pointe de la mâchoire avec assez de force pour être envoyé à terre et y rester évanoui, il lui semble

5. Éditions de la Bonne Idée.

immédiatement qu'il entend une symphonie. Les cornets résonnent avec fureur, les flûtes poussent des cris perçants, les timbales roulent, les tambours retentissent, les cymbales tintent et les cors sonnent solennellement. Puis, les jambes de l'homme commencent à s'agiter, il cherche à saisir de l'air avec les mains. Et la musique s'affaiblit de plus en plus. L'infortuné est toujours étendu sur la sciure qui recouvre le sol.

« L'arbitre compte lentement, mais avec précision : un, deux, trois. Le boxeur ne voit pas les doigts qui s'agitent, sonnant le glas et scandant sa déchéance. Il *essaie seulement d'entendre l'orchestre qui joue en s'éloignant. Maintenant, le roulement du tambour est si faible qu'il semble loin, loin, la grosse caisse est encore perceptible, mais les cornets résonnent si légèrement que les instruments paraissent être à une longue distance. Ce temps dure un siècle ! Et pourtant, l'arbitre en est encore à six.*

*« Le pugiliste croit avoir entendu la musique pendant de longues heures. Il tente de lever la tête. Il tend ses nerfs. Sa face dit son agonie. S'il pouvait seulement entendre les flûtes encore ! Trop tard ! Il perçoit le son du cornet qui tout à coup s'arrête. C'est le knock-out !*

« Fitzsimmons insistait beaucoup sur sa théorie de l'orchestre : "Tant que vous pouvez entendre une note, disait-il, vous avez une chance de reprendre vos sens. Mais si elle s'arrête complètement, il n'y a plus d'espoir : vous êtes un homme mort."

« Le knock-outé est anesthésié, c'est une loque. Il tombe endormi et ne *ressent aucune douleur. Les yeux se ferment : on s'imagine être sur une immense place publique devant une foule innombrable, et tandis qu'une musique résonne à vos oreilles, vous admirez un embrasement général. L'être se sent vide, léger, annihilé. Il ne souffre pas, il ne sent pas, il cesse d'exister pendant quelques instants.* »

CHAPITRE IX

# Le sommeil, frère de la mort

## 1. Les théories du sommeil

Quelqu'un a dit : « On est mort quand on dort d'un sommeil sans rêve. »

Cela est juste, quant à la conscience du moins, car le reste de la personne physique ne présente pas tous les symptômes de la mort. Le sommeil parvenu à son stade le plus accentué n'en est pas moins pour le dormeur une véritable mort à lui-même et à ce qui l'entoure. Et il est bien évident que, du point de vue du sentiment, on ne saurait être mort davantage qu'on ne l'est dans le sommeil profond.

Il est donc d'un grand enseignement d'étudier le mécanisme du sommeil, cette mort provisoire et journalière. Cela nous amènera à mieux saisir le véritable départ de la conscience dans la mort.

Il y a eu et il existe encore plusieurs théories du sommeil, mais le moins qu'on puisse dire est que les meilleures et les plus récentes ne constituent que des hypothèses, dont l'opposition rend flagrante notre ignorance des grands problèmes vitaux.

Nous avons souvent remarqué, pour notre part, qu'on approchait rarement la vérité par des raisonnements et des calculs et que presque tout ce qu'il a été donné à l'humanité d'acquérir le fut par intuition et par empirisme.

C'est pourquoi, dans ces pages sur le sommeil, après avoir

exposé l'état scientifique présent de la question, nous chercherons à étudier le « départ » dans le sommeil par des moyens à la portée des plus frustes et que le savetier peut utiliser avec autant, sinon davantage de bonheur, que l'homme de laboratoire ou le clinicien.

On a longtemps cru que le sommeil était provoqué par l'intoxication des centres nerveux et qu'il n'avait pour but que de débarrasser l'organisme des poisons accumulés à l'état de veille. Mais cette manière de voir a été vigoureusement battue en brèche et elle est à peu près abandonnée aujourd'hui. On hésite, à vrai dire, entre « les réflexes conditionnels » de Pavloff, « l'interruption nerveuse établie à la porte de l'intelligence supérieure » de Nicati, le « retour à l'état fœtal » de Freud, « la réaction instinctive de défense » de Claparède. Pour beaucoup (docteur Poncel, docteur Lhermitte, etc.) le sommeil est un réflexe inhibitif.

« Aussi bien l'expérimentation, écrit Lhermitte, que la clinique humaine attestent... d'une manière saisissante que, pendant le sommeil, la moelle épinière est envahie par la vague d'inhibition que nous verrons déferler du cerveau moyen et gagner les centres sus et sous-jacents. »

Reste à savoir en quoi consiste l'inhibition, mot précis qui s'applique à un phénomène très vague, et se charge d'expliquer l'inexplicable quand l'observateur est mis au pied du mur.

Claude Bernard avait déjà qualifié le sommeil de « réflexe neutralisant et plus précisément *interféreur* ». L'éducation de la radio permet de se rendre compte de toute la valeur de ce terme. L'état de sommeil occulte l'état de veille. Les deux tendances se chevauchent, et la plus forte prend le dessus.

Si, délaissant les causes rapprochées, nous passons aux centres d'exécution, force nous est de constater que la localisation *des centres du sommeil* a fait des progrès indéniables. Les études de Warlomont sur l'hypnose ont amené celui-ci à constater que ces centres devaient être situés au voisinage des nerfs optiques et oculo-moteurs. Le traitement de l'encéphalite léthargique a permis de localiser ces mêmes centres dans le ménocéphale. Et il semble bien qu'on n'est plus très loin de la vérité en rapprochant les mécanismes de la vision et du sommeil.

Mais combien plus puissants dans leur conception étaient Hippocrate et l'école de Cos pour qui le sommeil était un changement de direction du mouvement vital ! Les Anciens ne prenaient pas l'effet pour la cause et il paraît bien que tout se passe, en effet, dans le sommeil comme si l'élément spirituel le plus pur de l'homme vivait « une autre vie » libératrice pendant la jachère du corps. Ainsi, nous serions, durant la vie, des êtres alternés dont, tour à tour, l'élément noble et l'élément grossier seraient garrottés par des forces subtiles et sans qu'il y ait — ou presque — d'interpénétration entre ces deux rythmes vitaux.

Ce n'est ici ni le temps ni le lieu, dans ce premier livre où nous nous sommes interdit de rien voir au-delà de l'instant de la mort physique, de montrer pourquoi la mort elle-même n'est qu'un changement du rythme vital.

## 2. Période de « l'endormissement »

Quoi qu'il en soit de la signification biologique du sommeil, il est inutile de s'y attarder car sa signification psychologique est bien plus grande pour l'objet qui nous occupe.

Comment, dira-t-on, peut-il y avoir une psychologie du sommeil si celui-ci est véritablement semblable à la mort et ne nous laisse aucune activité cérébrale ou sentimentale, exception faite du rêve ?

C'est parce que la phase du sommeil profond est précédée d'une période intermédiaire dite d'endormissement. Il y a d'ailleurs une période identique, en sens contraire, de réveil ou, si l'on veut, de désendormissement, durant laquelle toutes les fonctions conscientes ne sont pas anéanties.

Cette période de l'endormissement est en tout point comparable à la période de l'avant-mort.

Voici ce que dit le docteur J. Lhermitte dans sa *Phénoménologie du sommeil normal* (1) :

« ... entre la veille et le sommeil existent tous les degrés de

1. *Le Sommeil* (Collection Armand Collin).

transition. Ces différents degrés de plénitude de la conscience, d'obscurcissement et de lumière de l'intelligence, d'acuité ou d'émoussement de la mémoire, de tension ou de relâchement psychologique peuvent être observés dans ce que nous appelons grossièrement l'état de sommeil et l'état de veille. Mais c'est dans la période qui précède le sommeil que l'on peut le mieux pratiquer l'analyse des états intermédiaires entre la veille et le sommeil. Certes, cette période où se relâchent progressivement *les facultés d'analyse, de critique, de logique et de mémoire* sombre le plus souvent dans le néant des souvenirs ; mais de ce naufrage émergent, à la surface de la conscience, certaines épaves.

« Le phénomène le plus constant, le plus frappant et qui marque le début de l'endormissement consiste dans un *sentiment de fatigue cérébrale, d'indifférence psychique, de désintérêt au monde extérieur, enfin de relâchement de l'attention. Les réactions sensorielles s'affaiblissent, et les réponses motrices deviennent de plus en plus pauvres*, inconstantes et isolées. La coordination des fonctions sensorielles semble progressivement s'épuiser, bien que ces fonctions dans leur caractère primitif soient conservées. *Ce défaut de coordination des impressions sensorielles conduit par degrés à une véritable dissociation psychologique.*

« Ainsi qu'il est de règle dans tous les processus de désintégration psychologique, la désagrégation des complexes s'étend, selon la loi de Ribot, du plus élevé au plus simple, du plus instable au plus stable (2). C'est dire que les organisations psychologiques qui sont très solidement charpentées et fixées résistent longtemps et s'effondrent les dernières, tandis que les *systèmes les plus récemment construits et qui ne peuvent survivre que par la collaboration coordonnée des facultés de logique, de critique, de volonté et d'attention succombent aux premiers moments de l'endormissement...*

« ... Est-il besoin de rappeler que, dans un grand nombre d'états mentaux pathologiques, le caractère dominant est fait précisément de l'effritement, de la dispersion des complexes les plus élevés en organisation psychologique, et que cette dissolution des systèmes psychiques qu'aucune coordination ne maintient plus se

---

2. Les complexes supérieurs partent les premiers.

traduit en clinique par la confusion des impressions sensorielles, des images, des souvenirs, et que son impression la plus frappante se montre dans la perte de l'orientation temporelle et spatiale (3) ? Mais, précisément, ce défaut d'orientation dans l'espace et dans le temps, nous le trouvons à l'état de pureté à la période terminale de l'endormissement, comme nous le constatons dans le cours du sommeil prolongé, lorsque celui-ci, devenant superficiel, permet à la conscience d'appréhender les éléments épars de la vie psychique, et à la mémoire de les retenir.

« Nous pourrions, sans forcer les faits, montrer que, après cette désorientation temporelle et spatiale, se poursuit la dissolution du Moi, c'est-à-dire la dispersion des éléments dont l'agrégat constitue la personnalité. Après cette période, le sommeil s'est introduit complètement et a supprimé les facultés mnésiques. »

Il en est exactement ainsi dans la période d'avant-mort, surtout lorsque le processus mortel n'est amputé d'aucune de ses phases. Il y a relâchement, puis disparition des facultés psychiques et sensorielles. Mais souvent il arrive que, durant ou après cette période de métamorphose mentale, une nouvelle personnalité intérieure surgisse, qui réalise la phase ultime ou pénultième de détachement. Dans ce cas, beaucoup plus fréquent qu'on ne l'imagine, l'agonisant extérieur passif renferme un observateur intérieur actif, dont la subtilité est parfois très grande et qui assiste à sa propre et dernière aventure physiologique, non plus comme sujet mais comme témoin.

A cet instant (voir témoignage cité plus haut), il y a dissociation complète entre les deux états, et ce qui arrive à l'un demeure entièrement indifférent à l'autre.

Qu'il y ait débat entre l'état de veille et l'état de sommeil de même qu'entre l'état de mort et l'état de vie, cela n'est pas discutable, mais ce débat n'a point de caractère pénible ni désobligeant.

« Pendant la période de l'endormissement, écrit encore le docteur Lhermitte, on assiste à une sorte de lutte entre les deux tendances de l'individu, celle qui le porte à demeurer éveillé en

---

3. Les psychoses ne seraient-elles pas plutôt des états de veille incomplets ?

ranimant l'intérêt du sujet vers la vie, et l'autre qui le pousse à s'abandonner à l'état morphéique par la suppression graduelle des relations sensorielles avec le monde extérieur. Pourquoi donc assistons-nous tantôt à la victoire de la tendance à la veille, tantôt à la victoire de la tendance au sommeil ? Tout simplement parce que, dans le moment présent, l'instinct de la veille l'emporte sur l'instinct hypnogène. »

La mort, de même, s'écarte lorsque le besoin de vie est le plus intense. Et la vie, au contraire, s'efface lorsque le plus impérieux est le besoin de mort.

Comment nous endormons-nous donc ? Et comment sombrons-nous dans cette nappe subtile ? Par quels échelons imperceptibles sommes-nous ravis à notre propre attention ?

Nous sommes pareils à des insectes qui voleraient au bord d'une toile invisible et qu'englueraient peu à peu des rets que nul n'aperçoit.

## 3. L'état de torpeur

Nous avons personnellement guetté le flux du sommeil dans différentes circonstances de la vie, et c'est à peine si nous en savons plus, expérimentalement, sur ce qui se passe en nous-même que n'en connaissent, en ce qui les touche, la marmotte et le loir.

On connaît la redoutable torpeur qui saisit parfois le conducteur d'automobile. Une sorte de pesanteur s'installe dans ses oculaires, le champ de la vision se rétrécit, la lumière change de couleur. Le chauffeur n'a pas conscience tout de suite de l'imminence de l'état second, mais une poussée d'hypnose plus puissante le bouscule brusquement et il prend conscience du danger de la conduite. Ce premier réveil est de peu de durée, car la vague hypnotique le terrasse à nouveau insidieusement. Chaque mouvement conscient pour relever les paupières provoque la riposte d'un mouvement inconscient qui les abaisse...

Une vision spéciale s'établit, qui se fait surtout en dedans. L'automatisme s'installe au volant et l'hypnose épaissit sa gaze, durant qu'au bord de la route les arbres font des passes vertigineuses, alliées à la berceuse du moteur.

Durant cette période d'engluement, la conscience normale se rapetisse au fond de l'organisme, vacille, clignotte, menace de s'éteindre jusqu'à ce qu'un écart violent de la voiture ressuscite la notion danger.

Là encore, l'homme irait avec volupté de la veille dans le sommeil, et du sommeil dans la mort, sans discriminer le réel du rêve, en admettant qu'il y ait un versant pour le rêve et un versant pour le réel.

Il en est également ainsi de la tendance au sommeil qui suit la lecture dans un bon fauteuil après le repas de midi dans une atmosphère tiède et musicale.

Vous bandez en vain votre attention pour savoir comment le sommeil fond sur vous. Avant que vous vous soyez avisé qu'il accourait, le sommeil vous a emporté ventre à terre et vous avez franchi la frontière en pleine carence de l'esprit.

Le saut dans l'abîme somnique a été si brusque que votre résistance musculaire a cédé. Les muscles érecteurs du cou fléchissent ; la tête tombe en avant et, sous ce choc, la conscience regagne son poste. Pas pour longtemps : les yeux s'attachent aux deux mêmes lignes du livre, qui deviennent quatre, ou une, ou n'importe quoi.

La difficulté inouïe de suivre les phases de l'endormissement se révèle surtout à l'entrée dans le sommeil nocturne, car l'organisme entier y est adapté et depuis longtemps.

Pour certains, l'endormissement est si prompt qu'il prend le caractère d'un plongeon dans l'inconscient. Le dormeur est alors submergé d'un seul coup, avec tant de force et tant de douceur, qu'il ne remonte plus à la surface.

Chez d'autres, la conscience fait encore des bulles, qui se raréfient puis disparaissent au bout d'un temps.

## 4. Le versant du rêve et le versant du réel

On rêve dans le sommeil comme on rêve pour mourir.

La construction des images tantôt participe de la veille et du rêve, tantôt n'est que du rêve plus ou moins critallisé à l'état pur.

Dans le rêve du sommeil, il semble que seul le mental subsiste et que la haute partie spirituelle soit éloignée, d'où l'anarchie croissante des éléments mentaux. La direction imprimée pendant le jour par l'intelligence supérieure à ces éléments fait que ceux-ci, durant le sommeil, procèdent mécaniquement, par réflexe et par habitude, à des associations d'idées généralement baroques et tronquées. On dirait un singe jouant avec les morceaux coupés d'un film.

Privés du contrôle animique majeur, les centres de sensibilité et les chambres de connaissance cérébrales éprouvent avec une force animale (donc très grande) les sensations du rêve, soit en terreur soit en agrément.

Les impressions oniriques sont multipliées au carré et nous nous souvenons, pour notre compte personnel, de rêves où il nous semblait que nous avions élaboré un poème génial ou découvert une grande loi scientifique. Malheureusement, pendant de longues années, il nous avait été impossible d'en retenir les mots ou chiffres au réveil. Enfin, au cours d'un demi-éveil nocturne inopiné, notre conscient « accrocha » une fois, de justesse, une des formules magiques. Yeux décillés, vérification faite, il s'agissait d'un assemblage de mots vulgaires sans le moindre rapport entre eux.

Cela ne veut pas dire que la « formule » n'avait pas de signification durant le sommeil. *De l'autre côté du mur*, les mêmes mots servent peut-être de support à des idées différentes. Les fous, dormeurs éveillés, ne sont peut-être que des dormeurs insomniaques, à califourchon sur le mur.

En tout cas, la vie « intelligente » dans le sommeil n'est pas la vie intelligente de la veille. Il n'y a pas de différence de « climat », comme on dit aujourd'hui, mais de plan.

Les rêves conséquents ou prémonitoires, avec allure raisonnable, sont ceux où la vie supérieure reprend pied dans son domaine et où l'esprit humain flotte entre le sommeil et la veille, l'état conscient et l'état inconscient.

Le moment de la mort est semblable à celui du sommeil, avec ou sans rêve. Tout y prend des dimensions inhabituelles jusqu'à ce que l'inconscience ait le dessus.

Les uns font de beaux rêves avant de mourir, d'autres en font de moins bons, exactement comme dans leurs sommes. Ceux qui ne font pas de rêves, ou bien s'endorment dans la mort avec force ou bien jouent à cache-cache avec elle comme l'insomnieux avec le sommeil.

## 5. Le sommeil est une petite asphyxie. C'est la mort réduite en durée.

L'homme est si bien rivé à ce départ inconscient que certains rites séculaires le tiennent pour un danger mystique et s'efforcent de le combattre. Nous n'en voulons pour preuve que cette page révélatrice de Mme Alexandra David-Neel dans *Mystiques et Magiciens du Tibet* (4) :

« Les initiés sont censés connaître ce qui les attend quand ils mourront et les contemplatifs ont vu et éprouvé d'avance les sensations qui accompagnent la mort. Ils ne seront donc ni surpris, ni troublés lorsque leur personnalité présente se désagrégera et CELA qui doit poursuivre sa route en entrant conscient dans l'au-delà y cheminera avec une pleine connaissance des routes, des sentiers et des lieux où ils conduisent.

« *Les initiés,* ai-je dit, *sont capables de garder l'esprit lucide tandis que s'accomplit la désagrégation de leur personnalité* et de passer de ce monde dans l'autre, *pleinement conscients de ce qui leur advient.* Aussi n'ont-ils besoin du secours de personne à leur heure dernière et la célébration de rites religieux après leur mort est-elle absolument inutile.

« *Il n'en est pas du tout de même du vulgaire et, par vulgaire, il faut entendre, ici, quiconque, religieux ou laïque, ne possède pas la science de la mort. C'est la grande majorité.*

« Le lamisme n'abandonne pas ces ignorants à eux-mêmes. *Tandis qu'ils agonisent* et après qu'ils ont expiré, un *lama leur enseigne* ce qu'ils n'ont pas appris pendant leur vie. Il leur explique la nature des êtres et des choses qui leur apparaissent, les ras-

---

4. Librairie Plon.

sure, et surtout ne cesse de leur indiquer la bonne direction à prendre.

« *Le premier soin du lama assistant un mourant est de l'empêcher de s'endormir, de s'évanouir ou de sombrer dans le coma.* Il lui signale le départ successif des différentes “ consciences ” qui animaient ses sens : conscience de l'œil, conscience du nez, de la langue, du corps, de l'oreille, c'est-à-dire la perte graduelle de la vue, de l'odorat, du goût, du toucher, de l'ouïe. Dans le corps, maintenant insensible, la pensée doit demeurer active et attentive au phénomène qui s'accomplit... »

Tâche ingrate que celle du lama, en un moment où l'organisme tout entier est pris par le désir impérieux de l'inconscience et le besoin véhément de s'évanouir dans la mort.

CHAPITRE X

# Le rappel à la vie

## 1. La résurrection est pénible

Tout ce que nous avons vu jusqu'à présent souligne la facilité évidente de la descente vers la mort. Et nous soulignons ce mot *descente*, par opposition à l'âpre montée que les hommes imaginent. La montée ou, plus exactement la remontée existe bien, mais en sens contraire, dans la direction de la vie et quand on tourne le dos à la mort.

Innombrables sont les témoignages de ceux qui, n'ayant pas souffert, ou même ayant éprouvé des sensations heureuses en s'acheminant vers le terme, ont enregistré les impressions les plus désagréables ou les plus douloureuses en remontant la pente initiale de la guérison.

Le prédicant américain J.R. Mann, pendu puis dépendu par les Sécessionnistes, raconte ainsi la phase de dépendaison :

« Mon impression, lorsqu'on me détacha du gibet, fut celle d'une douleur aussi grande qu'au *début* de ma pendaison ; j'endurai un vrai martyre. Chacun de mes nerfs avait des souffrances particulières. Je ressentis des douleurs affreuses dans les doigts et dans le nez. Cela dura une demi-heure à peu près, après quoi mes souffrances s'apaisèrent. Pour tout l'or du monde, je ne voudrais pas ressusciter de nouveau. »

On retrouvera presque toujours dans cet ordre le mécanisme de souffrance finale.

**Vers la mort :** premier stade, souffrance ; deuxième stade, euphorie.

**Vers la vie :** premier stade, souffrance ; deuxième stade, demi-euphorie.

Il n'y a d'euphorie complète que dans le voisinage de la mort.

Que trouve-t-on dans *Autobiographical Memoir of Sir John Barrow ?* Ceci :

« Mes sentiments, tandis que je revenais à la vie (après qu'on l'eut tiré de l'eau et essayé de le ranimer), furent, exactement et en tout point, le contraire de ceux que je viens de rapporter. Une seule idée, confuse, régnait : la misérable pensée que je me noyais pesait sur mon esprit, au lieu de la multitude d'idées claires et définies qui venaient de le traverser, une angoisse impuissante, une sorte de cauchemar continu semblait dominer tous mes sens et empêcher la formation d'une seule pensée distincte, et ce fut avec difficulté que je me convainquis que j'étais réellement vivant. Au lieu d'être absolument exempt de toute souffrance corporelle, comme pendant ma noyade, j'étais torturé par mille douleurs. »

« La résurrection est trop pénible », a dit Hartley.

Et M. de Varigny, parlant de sa cousine, Mme V.O..., qui avait été avec la plus totale indifférence jusqu'au voisinage de la mort à la suite d'une pneumonie double très grave, écrit : « Ce qui fut pénible, par contre, ce fut la marche inverse, vers le rétablissement. Ce qui veut dire, sans doute, qu'à mesure que l'organisme reprenait de la vigueur, il reprenait de la sensibilité aussi. »

Quel est le témoignage de l'alpiniste Sigrist, tombé du Korpfstock ? « Je ne puis imaginer de mort plus facile et plus belle. Naturellement, le retour à la vie apporte des sensations toutes différentes. »

Même constatation désabusée chez Mme B..., la rescapée désabusée de Montenvers.

*
* *

## 2. L'agonie médicale organisée

Prenons, entre autres, les procédés classiques de rappel à la vie des syncopés blancs. On va les soumettre à la respiration artificielle de Schaeffer ou à l'appareil du docteur Cot, qui utilise l'automatisme dans l'application de la même méthode. On opère des frictions énergiques destinées à ramener le sang dans les vaisseaux périphériques exsangues et dans les poumons désertés. On utilise enfin les inhalations d'ammoniaque, de sels anglais, les badigeonnages de la muqueuse nasale et « tous les *chocs*, comme dit le commandant Stéfani, analogues à celui qui a occasionné la syncope ». Mais quelle différence entre le choc naturel et le choc provoqué ! L'art admirable de la nature passe d'un palier à l'autre avec une douceur sans pareille, tandis que le praticien le plus habile opère avec une involontaire et inconsciente brutalité. Dans l'arsenal si complexe de la chirurgie moderne, on n'a pas introduit l'instrument-à-conduire-le-sang dans les milliards de vaisseaux minuscules des extrémités. Quand la pompe du cœur est remise arbitrairement en marche, ces vaisseaux dont la constriction, pourtant brusque, s'était faite sans la moindre douleur pour l'organisme ne se dilatent qu'à regret et constituent autant de coups d'aiguille dans les nerfs du ressuscité.

Aux asphyxiés bleus, on pratique des inhalations gazeuses sous masque, et le corps y répond souvent par des spasmes et des contractures. On accumule injections intraveineuses et même intracardiaques, lorsque le gant de crin et les flagellations se seront révélés insuffisants.

La mort fait exactement *tout ce qu'il faut faire* pour s'assurer la complicité de l'organisme. La vie en retour n'a pas un geste qui ne se heurte à la résistance de l'organisme tout entier.

## 3. Le scrupule à contresens des médecins

Nous ne pouvons éviter cette conclusion, qui fut, avant nous, celle de bien des hommes qui pensent.

**La mort n'est difficile que lorsqu'elle est compliquée par la main des hommes.**

Napoléon disait : « Il y a longtemps que les médecins et les prêtres rendent la mort douloureuse. »

Cela, pris au pied de la lettre, est injuste, car si la boutade de Napoléon se réfère à une manière de voir générale, il faut reconnaître que de bons médecins et de bons prêtres ont su obtenir de bonnes morts.

La morphine et l'extrême-onction, ces deux grands anesthésiants, maniés par des mains expertes, ont facilité le passage à bien des mourants.

Mais ce contre quoi on ne saurait trop s'élever, c'est la prolongation de la vie à tout prix, par des moyens scientifiques ou non.

On n'a jamais vu d'agonisant ramené à la vie par des inhalations d'oxygène ou par des piqûres d'huile camphrée. Ces procédés, qui luttent contre la mort simple, en retardent et en compliquent le processus. C'est un peu comme si on retirait de l'eau la tête du noyé pour l'y replonger aussitôt. On persécute les mourants avec des soins inutiles.

« Le lundi matin, écrit Léon Daudet, dans *Mélancholia, il* (La Boétie) s'évanouit, et Montaigne le crut mort. Il le frictionna avec du vinaigre et lui fit boire du vin. La Boétie revint à lui et, entendant toujours gémir et crier :

« *...Ne voyez-vous pas que les secours que vous m'apportez ne font qu'allonger ma peine ?* Mon Dieu, *pourquoi m'ôte-t-on le grand repos où j'étais ?* »

Maeterlinck aussi l'a bien vu dans son effroi de la dernière heure :

« Tous les médecins estiment que le premier de leurs devoirs est de mener aussi loin que possible les convulsions les plus atroces de l'agonie la plus désespérée. Qui donc, au chevet d'un mourant, n'a voulu vingt fois et n'a jamais osé se jeter à leurs pieds pour leur demander grâce ? Ils sont pleins d'une telle certitude, et le devoir auquel ils obéissent, laisse si peu de place au moindre doute, que la pitié et la raison, aveuglées par les larmes, répriment leurs révoltes et reculent devant une loi que tous reconnaissent et vénèrent comme la plus haute loi de la conscience humaine...

« Un jour, ce procédé nous paraîtra barbare... »

En attendant, il est partout victorieux. Nul ne se sent le droit de mourir en paix, ni surtout d'y laisser mourir les autres, en vertu d'on ne sait quelle effroyable mystique, par quoi les mains grossières des hommes défont le travail subtil des dieux.

Le médecin qui n'a pas su empêcher la mort (et où ce mortel prendrait-il la science de la vie ?) s'efforce de lutter contre le phénomène ultime de la mort. Chaque sursis qu'il obtient (qu'il arrache, plutôt) est un arrêt, un détraquement, une rupture dans le mécanisme de l'agonie.

## 4. Les collaborateurs de la mort douce

Tout le soin de la nature tend à jeter sur le mourant le voile bienfaisant de l'asphyxie. Tout le soin du médecin consiste à retarder ou interrompre cette asphyxie et à faire émerger de nouveau la conscience qui s'endormait.

Si le médecin avait la notion vraie du phénomène de la mort, il rejetterait loin de lui conformisme et leçons d'école. Ayant été, dans la vie, le collaborateur passionné de la vie, il serait, dans la mort, le collaborateur fervent de la mort.

Le médecin peut tout pour contrarier la mort et prolonger l'agonie.

Le médecin peut tout pour diminuer l'agonie et pour faciliter la mort.

Et remarquons bien qu'il ne s'agit pas ici de provocation artificielle ou prématurée de la mort, ni de ce qu'on a appelé *euthanasie*.

Le rôle du médecin, et surtout celui de l'entourage du moribond, doit être de *laisser le phénomène se dérouler de lui-même, tel que l'a harmonieusement ordonné la Nature, dans son auguste et admirable simplicité.*

CHAPITRE XI

# Simplicité et consentement

## 1. L'état de simplicité

C'est précisément cette simplicité qui fait défaut dans les moments où elle serait le plus indispensable.

Pierre Dominique nous disait que pour avoir la vraie notion de la mort simple, il faudrait se faire un instant la mentalité d'un moribond enfantin ou animal. Faute de le pouvoir on y arrive par approximation, avec des enfants un peu plus âgés ou en observant le comportement d'animaux déjà évolués et cela enseigne beaucoup de choses.

« Tout ce que nous savons, a écrit Maeterlinck, ne nous sert qu'à mourir plus douloureusement que les animaux qui ne savent rien. »

Pour l'animal sauvage, le mal de mourir est semblable aux autres ; il le gêne et l'abat sans lui causer de spéciale appréhension.

Tout événement considéré comme fâcheux par les humains comporte une part de mal objectif (c'est-à-dire réel) contre neuf parts d'imagination péjorative. L'être dépourvu d'imagination en souffre infiniment moins.

Ce sont ceux qui passent pour les plus éminents des hommes (à la fois les plus sensibles et les plus intelligents) qui ont, par anticipation, senti monter à leur front les sueurs de l'agonie. Ils ont bataillé toute une vie pour écarter le spectre dérisoire construit de leurs propres mains.

## 2. Le mal d'intelligence

A mesure qu'on s'éloigne de l'état naturel, du comportement instinctif, les choses les plus simples deviennent compliquées.

Les esprits que l'opinion de leur temps considère comme étant au-dessus de l'humanité moyenne et vulgaire sont inférieurs à l'animal même dans leur comportement devant l'idée de la mort.

Ils ont édifié de toutes pièces en eux une fausse idée de la mort, à grands coups de raisonnement et de logique et leur peur s'est cristallisée dans leur conscient.

Il n'y a pas d'art de mourir. On meurt avec plus d'aisance qu'on ne naît.

Tout le monde sait mourir et fait exactement ce qu'il faut. La chose n'exige aucun apprentissage. On sait congénitalement mourir comme on sait congénitalement respirer. On respire, on expire et c'est toute l'aventure physique humaine.

Pourquoi, sous prétexte qu'il est le dernier en date, l'acte ultime de la vie serait-il plus malaisé à accomplir que ceux qui l'ont précédé ?

L'homme, une fois de plus, paie, au moment de la mort, sa funeste connaissance des fruits de l'arbre de Vie. Il change le bien en mal.

La mort physique est ce qu'on la fait, belle si on le veut et laide si on le désire, simple ou compliquée, douce ou amère, hostile ou fraternelle, car la mort est un miroir.

Libre à nous d'y grincer des dents ou de nous sourire à nous-mêmes, de nous haïr ou de nous aimer.

« Si vous ne savez pas mourir, dit Montaigne, ne vous chaille (ne vous tourmentez pas) ; nature vous en informera sur le champ, pleinement et suffisamment ; elle fera exactement cette besogne pour vous : n'en empeschez vostre soing :

« Nous troublons la vie par le soing de la mort ; et la mort par le soing de la vie ; l'une nous ennuye, l'autre nous effraye. Ce n'est pas contre la mort que nous nous préparons, c'est chose trop momentanée ; un quart d'heure de passion, sans conséquence, sans nuisance, ne mérite pas des préceptes trop particuliers ; à dire vray *nous nous préparons contre les préparations* de la mort.

« ... Je ne veis jamais païsan de mes voysins entrer en cogitation de quelle contenance et asseurance il passeroit cette heure dernière ; nature luy apprend à ne songer à la mort que quant il se meurt, et lors, il y a meilleure grâce qu'Aristote, lequel la mort presse doublement, et par elle, et par une si longue préméditation... »

## 3. Le pouvoir d'accommodation

C'est que le paysan de Montaigne n'en cherchait pas si long et on trouve encore aujourd'hui quelques-uns de ses descendants dans les campagnes les plus reculées. Mais le nombre des êtres simples décroît à mesure que s'étage un monde compliqué.

Il existe un merveilleux pouvoir d'accommodation qui est le don majeur des espèces organisées. Tous les êtres possèdent cette faculté précieuse, mais la voient s'affaiblir à mesure que diminue leur état de simplicité.

« Il y a une opposition frappante, a écrit le docteur Carrel dans *L'Homme, cet Inconnu* (1), entre la durabilité de notre corps et le caractère transitoire de ses éléments. L'être humain se compose d'une matière molle, altérable, susceptible de se décomposer en quelques heures. Cependant il dure plus longtemps que s'il était fait d'acier. Non seulement il dure, mais il surmonte sans cesse les difficultés et les dangers du milieu extérieur. Il s'accommode, beaucoup mieux que les autres animaux, aux conditions changeantes du monde. Il s'obstine à vivre malgré les bouleversements physiques, économiques et sociaux. Cette persistance est due à un mode très particulier de l'activité de nos tissus et de nos humeurs. Le corps se moule en quelque sorte sur les événements. Au lieu de s'user, il change. A chaque situation nouvelle, il improvise un moyen de faire face. Et ce moyen est tel qu'il tend à rendre maximum notre durée. Les processus physiologiques, substratum du temps intérieur, s'infléchissent toujours dans une même direction,

1. Librairie Plon.

celle qui mène à la plus longue survie de l'individu. Cette fonction étrange, cet automatisme vigilant rend possible l'existence humaine avec ses caractères spécifiques. Elle s'appelle adaptation. »

Ce phénomène adaptatif joue constamment le même rôle dans notre vie spirituelle et permet à la conscience humaine d'improviser et de faire face à toutes les situations.

L'homme normal peut être pris au dépourvu mais c'est toujours pour peu de temps et son autodéfense s'organisera avec une perfection incroyable, pour peu qu'il l'abandonne à elle-même et lui laisse son caractère d'automatisme inconscient. Sans doute, il peut renforcer son pouvoir d'accommodation mais il peut aussi l'affaiblir car l'adaptation consciente n'est pas permise à tout le monde.

Pour que les forces supérieures agissent seules, **il faut garder ou retrouver l'état de simplicité.**

Qu'est-ce donc que l'état de simplicité ?

C'est celui du petit enfant qui, nu parmi les forces de l'univers, leur fait naturellement confiance, attend leur aide et espère.

« Laissez les petits enfants, disait Jésus, et ne les empêchez pas de venir à moi, car le royaume des cieux est pour ceux qui leur ressemblent. »

Quand on a perdu la simplicité il est beaucoup moins aisé de la retrouver. Aussi les très grands esprits sont-ils seuls à recouvrer, dans l'âge adulte, la simplicité première.

« Car celui qui est le plus petit parmi vous, a dit aussi le Christ, c'est celui-là qui est grand. »

Mais on n'a que faire de maximes de vie en présence de la mort égalisatrice. Quelles que soient les irrégularités des âmes, celle-ci finit par tout niveler.

Sa seule approche abolit l'état de complication dans le cœur humain et y substitue la simplicité évangélique.

On dirait la calandre puissante et idéale d'où tout sort lisse et unifié.

## 4. Le consentement

Nous n'avons dit qu'un mot, bien plus haut, de l'intense débat psychologique qui emplit le cœur de l'homme lorsque celui-ci affronte la connaissance de la mort.

Nous ne voulons pas parler de l'instant préparatoire de la dissociation, mais de la minute solennelle de l'avant-mort où la fin cesse d'être considérée comme un terme philosophique pour devenir une éventualité inéluctable, l'heure où le futur moribond entrevoit pour la première fois qu'il faut mourir.

Quelque chose alors se brise en lui. Un suprême vertige de vie le dresse contre la nécessité implacable. Il se révolte, de corps et d'esprit. Il se cramponne à la vie. Il s'arc-boute contre la mort.

Même à cette heure où la résistance humaine paraît n'être plus rien, l'esprit conserve intact son pouvoir et demeure le maître incontesté de l'organisme. C'est de lui, de lui seul, que va dépendre ce qui va suivre, soit qu'il accepte, soit qu'il n'accepte pas.

« On meurt, a dit Goethe, quand on le veut bien. » Et beaucoup ont considéré ces mots comme une boutade de génie. C'est la vérité tout entière et la consécration du pouvoir de la pensée sur l'inconnu.

Nul ne meurt s'il n'y a expressément consenti, mais le consentement n'arrive pas toujours à la même date. Il y en a qui se refusent longtemps, âprement, à la venue de la mort. D'autres ne font qu'une résistance d'un instant ; d'autres enfin se jettent d'emblée dans l'issue libératrice.

Plus le débat est éloigné de l'instant physique de la mort, moins la créature en souffre. Plus ce débat empiète sur l'agonie et plus le moribond en pâtit.

Le rythme de mort auquel nous avons fait allusion n'est obtenu que par l'abandon du rythme de vie. Le passage de celui-ci à celui-là peut être brusque ou s'opérer lentement.

Quand l'homme arrive à l'écluse de la mort, il sait bien que le palier d'amont est plus élevé que le palier d'aval et qu'il ne saurait sans heurt passer d'un plan à l'autre. Mais il y a la chambre d'écluse où il séjourne un moment. Là, le niveau des eaux s'équilibre insensiblement. On est d'abord suspendu entre deux états : celui qui descend et celui qui monte. Puis la porte s'ouvre et la barque part sans un tressaillement.

André Lebey a dit : « Il me semble qu'on peut lutter contre la mort. » C'est vrai. Mais il considérait ce combat comme une sorte de lutte contre l'Ange, tandis que la bataille contre la mort n'est que la bataille contre soi.

Tant qu'on n'a pas *adhéré, capitulé, consenti,* la mort est laborieuse.

Dès qu'on a dit oui, tout le phénomène devient complice, s'adapte, se prête à l'événement.

Il existe un conte de Rudyard Kipling où, dans l'Inde un jeune officier est gravement malade. Son entourage le croit perdu, mais le major a bon espoir car le moribond lutte, parce qu'il attend... Jour par jour, il refait, en sens contraire, le chemin de la mort à la vie, guettant la lettre de celle qui le rattache à l'existence. Le message vient, défavorable et lourd d'une immense déception. Aussitôt le jeune officier ne combat plus. Le courant fatal à nouveau l'emporte. « Rien à faire, dit le major, cet homme s'est abandonné. »

## 5. La volonté et la mort

Même en dehors du temps de la fin la pensée de l'homme est toute-puissante.

« Je sais quelqu'un, dit Bô Yin Râ (2), auquel on apprit, sur sa demande formelle, qu'il avait *tout au plus encore quatre ou cinq ans à vivre ;* il ne prit aucun des médicaments prescrits, ne suivit aucun traitement et se fixa pour but de se maintenir en vie par la seule force de ses pensées. Il y a aujourd'hui près de vingt ans qu'on l'avait condamné ; il vit en fraîcheur et en force, sans la moindre trace de malaise, et cela lui semble maintenant un rêve d'avoir dû un jour recourir aux médecins.

---

2. *Le Livre du bonheur* (Éditions J. Oliven).

« De tels hommes agissent au loin comme des centres de rayonnement de santé, *même si, médicalement parlant, on ne doit pas les considérer comme guéris. Ils se sentent* guéris, et le temps leur donne raison, car les malaises ont disparu. »

Rappelez-vous ce passage de la lettre de Marcello Fabri : « Aussitôt la constatation faite que, selon eux (les médecins), je *devais* mourir, *je résolus de vivre.* »

L'homme a alors véritablement son sort entre ses mains suivant qu'il donnera son consentement ou se mettra en état de rébellion. Il remontera la pente, avec tout ce que comporte de pénible et de déplaisant le retour à la vie, ou il se laissera glisser dans le sens du courant.

Quand le carnassier avale un petit poisson, il le saisit par la tête. Ainsi, toutes les écailles de la proie se trouvent rabattues et cheminent sans rien heurter. De même les dents innombrables du brochet sont toutes dirigées la pointe en dedans, c'est-à-dire que, tant que l'avalé se prête à l'effort de l'avaleur, la descente se fait aisée. Mais si la victime résiste ou essaie de revenir en arrière, non seulement les dents de la bête mais encore ses propres écailles s'opposent, au prix de mille souffrances, à ce qu'elle refasse en sens contraire le chemin déjà parcouru.

C'est l'état d'âme de la proie qu'il nous faut avoir devant la mort, mais d'une proie heureuse, consentante. Dès lors tout se combine, se concerte, se coalise pour le comportement optimum.

On a dit de la mort qu'elle était comme un sommeil. C'est trop et ce n'est pas assez. Bien-être, engourdissement, euphorie, elle ressemble à cette partie du sommeil qui confine à la volupté. Elle a un insensible mouvement de va-et-vient, le rythme vertigineux d'une idéale balançoire, et va si haut, si haut qu'à la fin elle ne redescend plus.

CHAPITRE XII

# Le merveilleux visage de la mort

## 1. Mise au point après 25 années

En publiant, avant-guerre, *Le Livre de la mort douce* (traduit depuis en six langues), nous étions conscient d'être le premier, non pas à aborder le problème, mais à le considérer dans son ampleur. La certitude que le mécanisme de la fin était indolore et, le plus souvent agréable, nous vint par une sorte d'intuition, que nous repoussâmes d'abord, mais qui s'imposa ensuite au cours d'une vaste enquête dont les témoignages (dans une proportion de 95 %) confirmèrent d'une façon éclatante notre façon de voir.

Toutefois, cette assurance de la mort heureuse *dans tous les cas et en dépit des apparences* était tellement paradoxale et si contraire à la tradition que nous ne doutâmes pas de rencontrer une large opposition. Or, par un phénomène qui n'a pas cessé de nous étonner, nous avons reçu, au milieu d'une énorme correspondance, l'adhésion la plus entière non seulement de médecins éminents tels que les docteurs Pasteur Vallery-Radot, René Allendy, Neuberger, etc., mais encore celle de personnalités célèbres appartenant aux mondes des lettres, des arts et des sciences et au premier rang desquelles nous nous honorons d'avoir pu compter Maurice Maeterlinck.

Celui-ci nous écrivait en effet : « Je suis entièrement de votre avis sur tous les points essentiels. » Et, quelques jours après, il nous envoyait cette coupure de presse extrêmement intéressante :

« Qui de nous n'a frôlé la mort ? Pour moi, dans mon enfance, je crois l'avoir vue d'aussi près qu'il se peut, sans être sa proie. J'espère la retrouver aussi clémente, aussi prompte, aussi douce. Notre maison de campagne à Oostacker était située le long du canal de Terneuzen. Un après-midi de juillet, ma sœur, mon frère et moi y prenions nos ébats en compagnie d'un ami de mon âge. M'aventurant assez loin de la berge, je suis pris d'une crampe, pousse un cri et coule à pic... J'ai l'idée de regagner la rive en rampant le long de la pente ; puis tout s'effondre, s'abolit, je perds connaissance et ne sais plus ce qui se passe. Mon père, du haut d'une tour en construction dont il voulait orner sa maison, voit se dérouler le drame. Il s'élance pour descendre. Un jeune charpentier, plus agile, le devance, se jette dans le canal et me ramène sur la rive. Je reviens à moi dans mon lit, étonné, un peu malade, ayant avalé et rendu pas mal d'eau ; mais pour le reste en assez bon point. Je fus donc à peu près mort. Je crois que si je l'avais été tout à fait je n'aurais pas éprouvé autre chose. J'avais franchi la grande porte sans m'en apercevoir. J'avais vu, un moment, une sorte de ruissellement prodigieux. *Aucune souffrance, pas le temps d'une angoisse.* Les yeux se ferment, les bras s'agitent et l'on n'existe plus. Est-ce cela la mort ? Pourquoi pas ? Ou bien y a-t-il autre chose après la perte totale de la conscience ? Que voulez-vous qu'il y ait ? La conscience, c'est notre Moi. Elle perdue, que reste-t-il ? Il faudrait qu'elle se réveillât sous une autre forme. Est-ce possible sans le corps ? Question fondamentale à laquelle on n'a pas répondu. »

Le grand écrivain avait accompagné son envoi des lignes suivantes : « Voici, confirmant votre démonstration, l'histoire de mon “ avant-mort ”, tirée de mon *Sablier* paru en 1935. Je vous assure que ce n'est pas de la... littérature et que le petit drame s'est déroulé *exactement* comme je l'ai relaté. »

Mais ces illustres acquiescements ne nous satisfaisaient pas encore absolument. Nous nous demandions quel accueil le public moyen, et même le grand public, feraient à une thèse aussi inattendue et qu'avaient mise à leur portée d'innombrables commentaires de la presse et la reproduction des principaux passages du livre dans plusieurs grands quotidiens de France et de l'étranger. Or, parmi le flot des lettres reçues et qui prouvent à quel point l'Homme, au cours de sa vie, est visité par la crainte de la mort, nous reçûmes quantité de témoignages de gens qui avaient frôlé leur fin sous toutes les formes et il nous a paru que nous nous devions de faire connaître les plus curieux. Ces témoignages se réfèrent uniquement à des accidents parce que c'est le traumatisme qui cause le plus de frayeur aux hommes à cause de son caractère tragique et de sa soudaineté.

Le lecteur trouvera dans les nouveaux exemples ci-après une preuve saisissante de l'espèce de fascination à laquelle se trouvent soumises les créatures vivantes lorsque devient imminent le phénomène de la mort.

## 2. Nouveaux témoignages

### a) Modalités sentimentales de la chute en ski

Le récit de la dégringolade voluptueuse du professeur Heim, vice-président du Club alpin suisse, m'a valu la lettre ci-après d'un éminent professeur agrégé au Val-de-Grâce, M. le professeur François Willemin :

« Je suis converti d'avance. Le 1er janvier dernier, je me trouvais en chute libre dans la même situation que le professeur Heim. Et je pourrais reprendre sa description mot pour mot. Il n'empêche que le poignet et le sternum avaient cédé et qu'une vertèbre lombaire était tassée. »

### b) L'onctueux glissement de la mort

« Ma femme, écrivait M. C...N... de Paris, entrée dans une clinique pour y subir une intervention chirurgicale, fut victime, quelques jours après l'opération, d'une erreur commise par une infirmière qui lui donna à son déjeuner des huîtres. Une typhoïde s'ensuivit et, au moment du décès, la pauvre enfant me disait : " Je coule, je fonds... Je m'en vais comme une crème... " »

## c) Le dédoublement automatique de la personnalité

Le même correspondant relate également le fait suivant, qui confirme nos observations en matière de maladie où l'on voit fréquemment la conscience de l'agonisant se séparer de lui-même et assister en tiers (et avec indifférence) au spectacle de la fin :

« J'ai subi, le 24 avril 1936, un grave accident d'auto. Étant dans un taxi, j'ai été défoncé par un autre taxi à l'arrière et par côté, ma voiture projetée à une dizaine de mètres et suivie de la voiture tamponneuse. *Je n'ai rien senti, ni choc ni vision de l'accident ni douleur.* J'ai vu qu'on m'avait sorti des décombres de la voiture (avec trois côtes fracturées, plaies à la tempe gauche, à l'arcade sourcilière, à l'oreille, à la main droite, etc.). Il paraît que je suis arrivé dans une pharmacie, guidé par le chauffeur, marchant seul, sans aide, la canne à la main. Le pharmacien me voyant commotionné m'a interrogé. Je lui ai répondu comme un automate inconscient. J'ai donné mon adresse, demandé qu'on prévienne un ami dont j'ai donné l'adresse. Je suis rentré chez moi accompagné par cet ami. J'ai monté seul mes cinq étages et n'ai eu une lueur de raison qu'en voyant ma femme bouleversée. Je suis resté trois jours dans cet état d'inconscience, *d'absence complète de douleur,* n'ayant aucun souvenir de ce qui s'était passé. »

## d) Témoignage d'un ancien ministre

Voici le récit d'un accident de même sorte survenu à l'ancien ministre, M. Maurice Ajam.

« En 1925, je revenais en compagnie du général Pageot et du sénateur Lebert, d'inaugurer un monument aux morts dans une petite commune de la Sarthe. En descendant une côte rapide, le jeune chauffeur qui nous conduisait perdit le sens de la direction et nous fit heurter — à cent kilomètres/heure — un peuplier situé au bord d'une petite rivière. L'auto fut tellement broyée qu'on ne put jamais en utiliser les morceaux. Le sénateur Lebert et le chauffeur étaient complètement indemnes. Le général Pageot fut transporté, très mal en point et inanimé, dans une clinique dont il ne sortit que deux mois plus tard. Il mourut deux ans après des suites de cet accident. Quant à moi, je traversai comme un boulet la paroi du véhicule et fus retrouvé sanglant dans un fossé. Je n'ai perdu conscience que pendant quelques minutes et, bien que couvert d'ecchymoses, *je n'ai éprouvé aucune douleur. J'ai la conviction que la plus belle mort est celle qui vient par choc.* »

## e) Les morts provisoires

M. Sam Lévy, ancien rédacteur en chef du *Journal de Salonique,* à Neuilly, évoque une incursion personnelle dans le voisinage de la mort.

« En absorbant l'anesthésique, je me crus transporté dans une ambiance céleste. Des chœurs angéliques susurraient à mon oreille des chants divins. Je plongeais littéralement dans un bain de lait. A trente-deux ans de distance, je conserve un souvenir très précis de ce voisinage de la mort. »

## f) L'homme aux mains coupées

C'est avec beaucoup de prudence et une certaine appréhension que nous avons abordé dans *Le Livre de la mort douce* les morts de soldats dont l'apparence est souvent affreuse. A ce propos nous citerons l'exemple de M. Mantus, à Aubenas.

« Tout ce qu'écrit l'auteur sur le mécanisme et les secrets de la mort est d'une incontestable vérité et j'ai lu avec une particulière émotion son article paru dans le *Lyon républicain.*

« A la guerre, j'étais caporal-grenadier. Un jour, je lançais des grenades offensives. Je devais amorcer l'engin en le frappant sur un caillou plat que je serrais dans la main gauche. C'était dans une tranchée de la terrible région des Éparges.

« Une grenade éclate à l'instant où je la percute... Mes deux mains, coupées comme par un rasoir, tombent à mes pieds. Je ressens comme un coup de cravache. J'aperçois des fulgurations comme si le ciel était parsemé de milliers d'étoiles.

« Pas de douleur bien nette après le choc. Mon esprit était lucide. Ma vue était trouble mais pas assez pour m'empêcher de voir mes mains qui gisaient sur le sol.

« Je demeure debout. Des sauveteurs accourent. Je voyais

mon sang couler. Je leur crie : “ Ligaturez-moi les bras ! ” Et comme mon sang coulait toujours je crie encore : “ Serrez plus fort, nom d'un chien ! ”

« Bien des gens m'ont dit plus tard : “ Comme vous avez dû souffrir ! ” A la vérité pendant une dizaine de jours *je n'ai jamais éprouvé aucune douleur.* Je dormais beaucoup. *J'étais bien.* Je suis de l'avis de M. Barbarin. Le passage de la vie à la mort doit être quelque chose de très doux. »

## g) Deux cents éclats de torpille dans la tête

Donnons le cas le plus saisissant, celui d'un grand mutilé, M. Claudius Maurice, chemisier à Lyon :

« Permettez-moi de vous faire part de mes impressions personnelles, celles d'un grand commotionné de guerre, car mon cas, à l'époque, retint l'attention étonnée des grands praticiens qui me soignèrent : le professeur Rollet, le docteur Vernier, médecin-chef à l'hôpital de Gap et les spécialistes des yeux qui opéraient dans cette ville.

« J'avais été blessé à la tête. Deux cents éclats, dont quatre dans chaque œil ! En 1915, à Flirey-en-Woëvre, une torpille avait éclaté au-dessus de moi. A l'explosion, je ressentis sur la face l'effet exact du cinglement d'une lanière. Je vis une grande gerbe de flammes. Je n'entendis pas le bruit de l'explosion. Sous le choc je fus littéralement écrasé. Mais aussitôt une sorte de réaction nerveuse me redressa comme un ressort. Mon corps tournoya et s'abattit en arrière. Ai-je vraiment perdu connaissance ? Je l'ignore encore.

« A terre, tel sur un écran de cinéma, je revis toute ma jeunesse. Les moindres détails de mon existence se déroulèrent avec une rapidité extraordinaire. J'ouvris les yeux mais ils étaient éteints. Je n'entendis dans la nuit que le sourd éclatement des torpilles et le grondement des canons. Autour de moi tout était pulvérisé. Mon fusil que je tenais à la main était brisé et la baïonnette qui était fixée au canon avait été coupée, mes vêtements déchiquetés. Pourquoi n'étais-je pas soufflé ? C'est le point qui étonna le professeur Rollet de la Faculté de Lyon.

« Je tâtai mes membres car, comme M. Barbarin l'a démontré, *l'insensibilité est complète lorsque ceux-ci sont broyés.* Des dizaines d'éclats s'étaient incrustés dans les bras et les jambes.

« *Aucune souffrance. Un bien-être total.* Je pensais à la mort qui allait bientôt m'achever *mais j'étais sans révolte.*

« Vous parliez d'insensibilité ! Cela est vrai car j'ai eu la force de me dresser sur les genoux et de marcher ainsi pendant 150 mètres environ, *sans ressentir la moindre douleur,* pourtant les chairs étaient à vif.

« Lorsqu'on me releva j'ai encore en mémoire *l'impression de sérénité qui avait précédé cet instant.* Calme, questionnant et répondant aux questions d'identité car je n'avais plus face humaine. Chose étrange, j'appris par la suite que plusieurs hommes furent nécessaires pour me désarmer car j'avais saisi une baïonnette je ne sais où et je voulais frapper ceux qui se trouvaient autour de moi. Je serrais dans les dents un tronçon de pipe qui avait été coupée par l'explosion. Je n'ai jamais compris cette surexcitation que par l'effet de la commotion qui avait aboli en moi la notion des choses.

« *Je n'ai jamais souffert,* même par la suite, malgré une intervention chirurgicale pour enlever les corps étrangers que j'avais dans les yeux. Maintenant, grand invalide de guerre, seuls des troubles cérébraux me rappellent encore par instants cette sinistre nuit de juin 1915. Si ma lettre peut être utile à votre étude et si ce cas vous paraît intéressant, je vous le livre sans restriction. »

### h) L'ivresse des profondeurs

Ceux qu'on appelle les océanographes et qui ne sont autres que les professionnels de la recherche sous-marine, connaissent les difficultés de la remontée dont le déroulement exige plusieurs paliers vers les hauteurs. Des incidents récents, dont l'un fit deux cadavres au long des rivages de Corse, ont familiarisé l'opinion avec ce genre de mort.

Il n'en est que plus intéressant de recueillir les impressions de gens qualifiés à propos de la mort de Pierre Serventi, l'un des collaborateurs du commandant Cousteau, en descente de la Calypso, le 5 novembre 1952, près de l'île de Grand Cougloué. Elles ont fait l'objet d'un exposé dans *Paris-Match* du 16-22 novembre de la même année et nous en extrayons la relation suivante au sujet des gaz neutres qui provoquent l'ivresse des profondeurs.

« Les composants de l'air prennent une saveur : Haldane trouve à l'oxygène un goût sucré et acide, et à l'azote un goût métallique. A partir d'une profondeur variable suivant les individus : 30 mètres pour les sujets les plus sensibles et généralement aux environs de 60 mètres (7 kilos absolus), une ivresse étrange s'empare du scaphandrier. Il est pris d'une torpeur intellectuelle qui le gêne pour apprécier sainement la situation et réfléchir aux décisions à prendre. Néanmoins il peut encore exécuter un travail manuel ; à condition que ce soit par routine ou sur indications téléphoniques. Ces troubles sont, en général, *accompagnés d'une sensation de béatitude* ou, au contraire, chez certains sujets, d'angoisse. Si le plongeur continue à descendre, cette torpeur s'accentue ; il peut alors se livrer à des gestes irraisonnés et susceptibles de compromettre sa sécurité. A partir de 100 mètres, la perte de connaissance peut intervenir... »

Il sied de noter que la sensation d'angoisse ressentie par le plus petit nombre doit s'effacer pour laisser place à des sensations heureuses et apaisantes à mesure que l'intéressé pénètre dans la mort. C'est la raison pour laquelle nous avons insisté sur la nécessité de l'adhésion ou du consentement lorsque la fin immine, la révolte ou le refus amenant une discordance dans le processus harmonieux de la mort.

### i) Avant l'écroulement sur le sol

Un aviateur anglais, M. Ronald Leslie-Melville, nous écrivait et nous respectons la saveur originale de son récit :

« J'ai servi pour dix années comme aviateur dans la Royal Air Force d'Angleterre. Je me souviendrais toute ma vie de mes impressions quand j'étais absolument persuadé que j'allais faire un écrasement fatal en volant. J'ai fait une manœuvre acrobatique trop près du sol pour être sauf. L'avion a perdu sa vitesse propre et, comme vous savez sans doute, dans une telle circonstance on ne peut rien faire que laisser l'avion gagner de vitesse en plongeant vers le sol... Évidemment si l'on est assez bas, on heurte contre le sol avant de gagner la vitesse nécessaire pour reprendre le contrôle. C'est la cause la plus fréquente des accidents mortels. Alors je me voyais plongeant vers le sol et j'étais sûr que j'allais le heurter avant de regagner le contrôle. Il n'y avait rien à faire et je ne faisais rien. L'impression fixée que j'avais, que je trouverais la mort dans quelques instants n'était point effrayante. Au contraire *je me sentais très calme, même heureux.* En effet, l'avion se rectifiait et tout allait bien. Je vous assure que je ne me sentais pas spécialement relevé en réalisant que j'avais échappé à la mort et je crois que cela était parce que la mort n'est point une chose terrible.

« J'ajouterai que j'ai discuté ce sujet quelquefois avec mes amis qui sont aviateurs et ils sont tous toujours d'accord que pendant les moments pareils ils ne sentaient pas la moindre peur. Je suis donc persuadé que dans les accidents mortels en avions, quand, par exemple, les avions plongent contre le sol, les gens ont le temps de savoir qu'ils vont être tués. Je dis que je suis persuadé qu'ils n'ont pas peur mais qu'ils sont calmes et même heureux. Je vous assure que j'en suis absolument persuadé. »

## j) Le Mystère IV de Jacqueline Auriol

(Extrait d'un article de Michèle Perrein dans *Elle* du 26 novembre 1956.)

Le 12 octobre 1956, Jacqueline Auriol, sur Mystère IV, en passant du cabré au piqué, s'évanouit et ne revient à elle-même qu'en sortant d'une vrille à cent mètres du sol. Elle se redresse à vingt par miracle mais, pendant un temps, elle s'est crue certaine de mourir. Lorsque son beau-père, le président Auriol, lui demande quelques jours plus tard :

« — Mais enfin quel sentiment te dominait pendant la chute ? »

Elle répond :

« — La *curiosité.* Je me suis bien dit : Ils vont avoir de la peine. Mais *moi je vais savoir ce qu'est la mort.* Et ce qu'est la vie. »

### k) Quand un avion est descendu par obus

Peter Tacher, jeune employé civil de l'armée américaine, se trouvant à bord d'un avion anglais de ligne commerciale, a raconté dans *Sélection du Reader's Digest* de juillet 1954 comment il fut abattu dans la mer de Chine par deux chasseurs chinois.

« Un coup brutal sur la cuisse gauche me fit tournoyer, je trébuchai et faillis basculer par-dessus le dossier d'un siège. Je ressentis un autre coup violent, mon genou plia et je m'écroulai. Quelque chose de chaud coulait le long de ma jambe mais *je n'avais pas vraiment mal*... J'avais seulement une entaille à l'épaule, deux côtes cassées, une balle m'avait traversé la cuisse et on me tira un éclat de shrapnell de la jambe gauche. »

### l) La patience du légionnaire Froidevaux

Nos contemporains ont oublié l'histoire extraordinaire de ce soldat amputé 47 fois de divers morceaux de son organisme et dont les propos ont été rapportés par Benjamin Vallotton.

« Un soir, terrassé par la dysenterie (jusqu'à 63 fois par jour) une thyphoïde en bonne et due forme. Il me semble que j'ai rêvé pendant tout ce temps. Il ne me reste qu'un trouble souvenir, jours et nuits de fièvre, de délire, d'abrutissement, de faiblesse telle que l'on croit qu'on est mort. Cela dura deux mois. »

### m) Le sentiment et l'électrochoc

Ainsi que nous l'avons démontré, dans la plupart des cas, notamment les crises d'épilepsie, ou ceux, beaucoup plus effrayants à voir, d'éclampsie, le spectacle offert par les sujets qui s'y trouvent soumis est affreux pour le spectateur alors que la conscience des intéressés est paisible, ainsi qu'il résulte de leurs propres impressions au sortir de ce cauchemar.

Dans *Le Littéraire* du 14 décembre 1946, Jean Duché a raconté ce qu'il a vu lorsque, dans une maison de santé, médecins et infirmières font, durant une demi-seconde, passer dans le corps d'un malade une décharge de 200 volts en courant continu.

« D'abord un soubresaut violent, comme le coup de queue d'un poisson, les jambes, bien que solidement maintenues, se soulèvent, le corps tend à se mettre en arc de cercle et retombe aussitôt pour rester immobile quelques secondes... Le visage s'est congestionné. Les yeux se lèvent et la moitié de l'iris disparaît sous la paupière supérieure. Quelques petits mouvements désordonnés et les convulsions épileptiques commencent : les jambes fléchissent légèrement, le buste se tient soulevé à environ trente degrés, les bras tendus, les pouces rentrés dans les poings fermés, la tête renversée en arrière, les mâchoires serrées sur la serviette entre les dents, ce corps semble emporté dans un galop insensé. La crise dura trente à quarante secondes. Puis le corps retomba sur le lit et les convulsions s'atténuèrent rapidement.

« Au bout de deux ou trois minutes la jeune fille nous regarda. Cependant le docteur me donnait des explications en toute liberté : elle était dans un état subconscient encore pour un assez long temps, d'ailleurs variable. " Non seulement *elle n'a rien senti,* me disait-il, mais lorsqu'elle sera sortie du coma *elle ne se souviendra de rien,* pas même des préparatifs, par exemple des électrodes posées sur son front. *Il y a beaucoup de malades qui me demandent si je leur ai fait l'électrochoc* ". Lorsque nous sortîmes de la chambre elle n'avait pas encore parlé. »

## n) Les délices de la mort par le froid

Un lecteur de Clamart, M. E. Dubois, nous communique un extrait de *Récits de guerre* (Calman-Lévy) où le général Bruneau, alors sous-lieutenant au 1er Régiment de zouaves, raconte la terrible retraite de l'Armée de la Loire en décembre 1870.

« Dans une halte, je m'assieds à la queue de ma compagnie derrière laquelle je marche comme un chien de berger qui fait serrer son troupeau. Adossé contre le talus du remblai, je m'assoupis un instant. Peu à peu, je suis pris d'une torpeur invincible et je fais de vains efforts pour résister au sommeil qui s'empare de tout mon être.

« *Un bien-être inexprimable* a raison de l'ultime révolte de ma volonté. Je sais que c'est la mort qui vient mais *elle m'apparaît si douce* que je ne lutte plus. Quelques instants avant je souffrais à un talon, j'avais des tiraillements d'estomac, j'étais rompu de fatigue. Toutes ces misères sont oubliées. *Je me sens ravi dans un océan de délices.* Mon âme a dû quitter mon misérable corps et *doit être emportée comme un tourbillon vers un monde de lumière où de radieuses apparitions me tendent les bras et m'appellent d'une voix caressante, cependant qu'une musique céleste remplit l'immensité d'étranges harmonies.* J'ai donc quitté cette terre inhumaine où je souffrais tout à l'heure si cruellement. *Je monte toujours, je suis heureux...*

« Mais quelle est cette atroce sensation de froid qui me saisit ? Qui donc me secoue aussi douloureusement ?... J'ouvre péniblement les yeux. Un de mes zouaves, qui m'a reconnu au passage, me frotte énergiquement le visage avec de la neige pour m'empêcher de mourir. »

## o) Ce qu'a dit Maurice Herzog

André Bourin a rapporté dans les *Nouvelles littéraires* du 3 janvier 1952, les impressions bouleversantes du vainqueur de l'Anapurna, Maurice Herzog. Cet athlète, qu'on devait ramener avec les pieds et les mains gelés considère sa confrontation avec la mort comme la plus belle révélation de la véritable vie et voici comment il se situe, au cours de son expérience, dans la peur de voir son témoignage contesté.

« Ce qui importe par-dessus tout c'est d'être véritablement soi-même, c'est de ne pas tricher avec soi... Je suis un homme équilibré ayant les deux pieds sur la terre. »

En effet, cette ascension dramatique a eu pour lui un sens de révélation psychique, sinon un caractère religieux. Et voici ce qu'il ressentit alors qu'ayant lutté contre la mort, durant la périlleuse descente, il se trouvait, membres gelés, au fond d'une crevasse, dans le bois de mélèzes de Lété.

« Une image d'un de mes livres d'enfant me revint à la mémoire : celle du chevalier Bayard mourant. J'étais comme lui allongé sur le sol, la tête appuyée contre la montagne et les pieds tournés vers les plaines. Le silence m'enveloppait. Je ne voyais plus la tente toute proche ; j'apercevais seulement mes compagnons qui m'entouraient, le visage affreusement triste parce que j'allais mourir. *La souffrance disparaissait. Les distances étaient abolies. Une puissance surnaturelle m'habitait.* Je sentais vivre la montagne et cette lumière sur les arêtes c'était moi. *Qu'on ne me dise pas que ceux qui meurent se sentent seuls ! Je m'identifiais, au contraire, avec mes proches, avec la nature, avec l'humanité entière mais, à ces instants, mon amour pour eux ne connut pas de bornes*... Puis j'eus l'impression d'être mort. Je sentais sur moi les pierres de ma tombe, je voyais la petite croix qui la surmontait. Mes compagnons s'éloignaient. *J'avais une étrange impression de dédoublement. Après, ce fut l'inconscience.* »

## p) La béatitude des 8 000

Gaston Rebuffat, interviewé par le *Monde* en octobre 1952, à propos de la deuxième tentative suisse, a raconté son entrevue avec René Aubert et René Dittert qui, tous deux, ont dépassé le chiffre fatidique. Il s'exprime comme suit.

« La conversation roule inévitablement sur le " paradis des huit mille ", le mach supérieur à 1 des alpinistes. La " béatitude hébétée " qu'a si bien décrite Maurice Herzog, retrouvant à cette altitude hors d'échelle les impressions étranges des Anglais Norton et Sommerwell, Odel, Shipton et Smythe ; les Genevoix l'ont ressentie pendant une grande semaine, de pair avec une lenteur mortelle dans leurs moindres mouvements. »

Il ajoutait cette phrase significative : « *On se meut là-haut dans la démesure.* »

Propos significatif et qui se réfère à tous les genres de mort. Franchi un certain cap en direction de la mort, rien ne peut être auné à la mesure habituelle. L'extrême mourant de la maladie ou celui qui est au bord de la mort accidentelle n'ont déjà plus une conscience de la troisième dimension.

## q) La chute de bicyclette

Le poète Théo Varlet, dans une longue lettre du 18 août 1937, me faisait part de cette aventure péremptoire :

« A dix-huit ans, un accident de bicyclette (rupture de fourche avant en pleine vitesse) me projette sur les pavés ; ma tête porte et je reste évanoui plus de trois heures. Au réveil, *aucun souvenir de l'accident.* Aujourd'hui encore je ne sais que ce qu'on m'a raconté. Mes dernières impressions authentiquement personnelles s'arrêtent à l'instant précédant le choc, à la vue des pavés que je vois monter vers mes yeux. Si j'étais resté " mort " *c'eût été une fin totalement indolore.* »

## r) Un drame au Cervin

Charles Rabot a relaté dans *Historia* d'août 1953 (et nous y avons fait nous-même allusion dans notre ouvrage) la chute de 70 mètres effectuée vers 1863 par Whymper, le célèbre alpiniste anglais. Nous reproduisons la relation circonstanciée des impressions ressenties.

« J'avais parfaitement conscience de ce qui m'arrivait et je comptais chaque coup mais, comme un malade chloroformé, *je ne ressentais aucune douleur.* Chaque coup était naturellement plus violent que le précédent et je me souviens d'avoir pensé très nettement que si le prochain était encore plus violent ce serait la fin. Comme l'ont éprouvé certains individus retirés de l'eau, au moment où ils allaient se noyer, le souvenir d'une multitude de choses traversa mon esprit ; beaucoup n'étaient que des trivialités ou des absurdités oubliées depuis longtemps ; ce qui est plus remarquable encore c'est que mes bonds à travers l'espace *n'avaient rien de désagréable* ; aussi, d'après ma conviction, la mort causée par une chute d'une hauteur considérable est, somme toute, une des moins douloureuses qu'on puisse subir. »

## s) L'électrocution et ses suites

On me rapporte à l'instant un cas de brûlure au troisième degré avec dénudation du tendon de la main d'une enfant de 3 ans (sa main est restée soudée sur une prise multiple de 220 V). Si l'on n'avait pas coupé le courant, la brûlure aurait gagné, sans doute, tout le corps de l'enfant, comme dans les grands accidents de lignes à haute tension.

Or, l'enfant n'a absolument rien senti et depuis 15 jours à l'hôpital *ne souffre absolument pas* de sa main, joue et mange et n'a pas conscience que l'on risque d'avoir à l'amputer tant la blessure est grave.

## 3. La bombe atomique

Certains seront curieux de connaître les effets produits sur l'organisme par la déflagration de la bombe atomique. Il convient d'abord de distinguer entre ceux qui en réchappent et ceux qui meurent sur le coup. La souffrance consécutive des premiers n'incombe pas à la mort mais doit être imputée à la vie car si le glissement direct dans la mort est indolore, le rappel à la vie cause en général de grandes douleurs. Nous l'avons démontré amplement en ce qui concerne les décès par maladie, la souffrance subie au cours de celle-ci étant la même, qu'on revienne à l'existence ou non. La mort est là précisément pour mettre fin aussi simplement et naturellement que possible à l'angoisse morale comme à la douleur physique du moribond. Il en est de même des morts par asphyxie et nous avons cité de nombreux exemples de rescapés de la noyade plus extraordinaires encore que celui de Maeterlinck.

Mais revenons à la bombe A, puisqu'il n'y a pas eu d'expérimentation *in anima vili* de la bombe H au moment où nous écrivons ces lignes. Tout porte à croire qu'une puissance explosive de un à cent mégatonnes provoque des insensibilisations encore plus radicales que celles de la bombe A.

En ce qui touche celle-ci le Japonais Masuo Kato, journaliste, qui habitait à trois kilomètres d'Hiroshima, observa de loin l'éclatement. Il fut d'abord soulevé en l'air mais retomba sans blessures apparentes. Ayant pu s'approcher en barque de la ville incandescente, il remarqua que les fuyards rencontrés semblaient des fantômes dont certains paraissaient aveugles et couraient au hasard.

Beaucoup avaient la peau des mains arrachée et celle-ci retombait à la façon d'un gant sur les ongles ; d'autres avaient la chair du visage qui pendait. Par un phénomène inexplicable les vêtements de couleur étaient déchiquetés ou calcinés alors que les tissus blancs étaient indemnes. Parmi les cadavres amoncelés, il interrogea plusieurs personnes vivantes mais atteintes d'affreuses brûlures et *il n'en trouva aucune qui souffrît de son mal.*

Nous ne saurions mieux illustrer ce dernier propos, en dépit de son apparence paradoxale, qu'en reproduisant sans y rien changer l'émouvant extrait (publié en octobre 1956 dans *Paris-Match*) du journal du docteur Michihiko Hachiya qui se trouvait à Hiroshima le 6 août 1945.

### LE TERRIFIANT RÉCIT DU MÉDECIN NIPPON

« Soudain un éclair aveuglant me fit sursauter, puis un second... Dans la seconde, l'air, ensoleillé l'instant d'avant, était devenu jaune et sombre. Une trombe de poussière entra dans la pièce. Les yeux brouillés, je distinguai la colonne de bois qui soutenait l'angle de la toiture. Elle était bizarrement inclinée et le toit au-dessus d'elle vacillait. Je m'enfuis mais les décombres me barraient la route. Avançant à tâtons, je réussis à atteindre la véranda et je descendis dans le jardin. Là, je m'aperçus que j'étais nu comme un ver. Caleçon, maillot de corps tout avait disparu. Je vis alors que mon flanc droit, lacéré d'entailles profondes, saignait abondamment. Une grosse esquille de bois émergeait de ma cuisse droite. *Pourtant je n'avais rien senti et je ne sentais rien.* Si : quelque chose de tiède qui me coulait dans la bouche. En palpant ma joue, je découvris que ma lèvre inférieure pendait, à moitié arrachée. Un long éclat de verre s'était planté dans mon cou. Je l'en retirai tranquillement et me mis à le contempler dans la paume de ma main. »

Bien entendu, il n'en sera plus de même quelques heures plus tard lorsque ses plaies seront pansées. Il souffrira alors, peut-être terriblement. Mais s'il était mort en quelques minutes, comme des milliers d'autres, il ne se serait aperçu de rien.

*
* *

## 4. La fin de Mme Curie

Nous ne saurions prolonger indéfiniment la revue de ces témoignages, triés parmi ceux de notre nouveau dossier. Nous avons tenté de les rendre aussi divers que possible pour bien montrer que notre thèse de la mort indolore se vérifie sur tous les plans.

Si incroyable que cela paraisse aucune infirmation ne nous est venue du corps médical ni du monde scientifique. Il semble qu'en présence de l'étendue, de l'universalité et de la probité de notre enquête les esprits les plus autorisés aient considéré le problème avec un respect objectif. La seule contradiction qui nous est venue indirectement s'applique à la mort de Mme Curie dont les derniers instants ont été dépeints minutieusement par sa fille Ève dans un livre inspiré par l'amour filial. Cet ouvrage fait allusion, non sans révolte contre notre hypothèse de la mort indolore, à l'une de nos premières éditions.

Le douloureux débat d'une pareille fin n'est pas, nous le répétons, dû au voisinage de la mort mais uniquement au progrès de la maladie et la seconde partie du témoignage d'Ève Curie consacrée, elle, à la mort elle-même, le prouve surabondamment.

Nous sommes au 3 juillet 1934.

« Alors, écrit Ève, commence la lutte haletante, atroce, que l'on appelle une " mort douce " *et où le corps qui refuse de périr* c'est nous qui soulignons à dessein) se débat avec un acharnement sauvage... »

« Auprès de sa mère, lit-on, Ève mène une autre lutte : dans le cerveau très lucide encore de Mme Curie la grande idée de la mort n'a pas encore pénétré. Il faut préserver ce miracle, épargner à Marie une peine immense que n'apaiserait aucune résignation. Il faut surtout atténuer la douleur physique, rassurer le corps en même temps que l'âme. Pas de soins éprouvants, pas de transfusion de sang inutile et impressionnante... Les deux médecins se relaient dans la chambre de Marie. Ils la soutiennent, la soulagent. Ils soignent Ève aussi, l'aident à combattre, à mentir et, sans même qu'elle ait à les supplier, ils promettent d'endormir par des soporifiques et des piqûres les ultimes souffrances de Marie... Elle a, pendant l'agonie, de pauvres gémissements de douleur et des plaintes rêveuses, étonnées : " Je ne puis plus m'exprimer... *Je suis absente...* " Elle ne prononce le nom d'aucun être vivant. Elle n'appelle ni sa fille aînée, arrivée la veille à Sancellemoz avec son mari, ni Ève ni ses proches. Les petits et les grands soucis de son travail errent à la dérive dans son merveilleux cerveau et s'expriment par des phrases sans suite : " Les paragraphes des chapitres... il faut les faire tous pareils... J'ai pensé à cette publication... " Et, regardant trop fixement une tasse de thé où elle tente de remuer une cuillère, mais non, pas une cuillère, une spatule, quelque délicat instrument de laboratoire : " Est-ce qu'on l'a fait avec du radium ou avec du mésothorium ?... " *Elle s'est écartée des humains.* Elle a rejoint ces " choses " bien-aimées auxquelles elle a dévoué sa vie. Elle n'aura plus que des paroles indistinctes et, soudain, pour le médecin qui vient de lui faire une piqûre, ce faible cri de lassitude : " Je ne veux pas !... *Je veux qu'on me laisse tranquille !... "* »

Nulle démonstration plus éloquente ne pourrait nous être apportée que par ce récit minutieux et véridique où tous les aspects de la fin sont mis en évidence avec une inconsciente vérité. Le « merveilleux cerveau » de Mme Curie refuse, au moment où il va sombrer, l'examen tridimensionnel de ses plus vivants problèmes. Elle-même déclare : « Je suis absente », preuve que sa conscience n'est plus la même et qu'elle s'est en quelque sorte mise à l'écart. Mais l'entourage retombe dans la même erreur, celle que nous partageons tous en présence des démonstrations apparentes de l'agonie, ce souci de prolonger malgré tout une vie qui ne veut plus être retenue et d'apaiser une agitation qui n'est que la forme extérieure du cheminement de la mort. Alors Marie Curie éprouvera la même impatience et la même lassitude que La Boétie, réveillé de son agonie par l'affection maladroite de son ami Montaigne auquel il dit, autant qu'il nous en souvienne : « Pourquoi m'avoir tiré de cet état où j'étais si bien ? » Et la dernière parole de Mme Curie est pour rejeter la piqûre du praticien : « Je veux qu'on me laisse tranquille ! »

Nous n'avons que trop répété dans notre ouvrage que notre tort à nous bien portants est d'assigner aux mourants une conscience d'homme valide. La conscience de l'agonisant est totalement différente de la nôtre et il arrive fréquemment que celui-ci s'institue en tiers du conflit dont il est le siège et, tandis que son propre organisme se débat, s'observe lui-même avec une curiosité indifférente.

Quand le rythme de la mort s'est amorcé le devoir de l'entourage est de ne lui opposer aucun obstacle mais, au contraire de lui faciliter le passage en s'adaptant harmonieusement à lui.

Beaucoup de grands observateurs l'ont deviné. Depuis Voltaire selon qui « la mort est un enfant qu'il faut bercer jusqu'à ce qu'il s'endorme » ; Romain Rolland disant : « La mort, c'est pour cela que j'ai vécu » et ajoutant : « Car la mort c'est la vie toute-puissante et parfaite. »

Moins emphatiquement, le 27 avril 1937, aux Communes, Stanley Baldwin prononçant l'éloge funèbre de lord Grey s'écriait avec familiarité que la mort a toujours été essentiellement « going at home », c'est-à-dire le retour à la maison.

## 5. La mort dans les flammes

Des lecteurs m'ont demandé pour quelle raison je n'avais pas envisagé la mort dans les flammes, telle qu'elle a pu se produire par exemple dans l'effroyable incendie du Bazar de la Charité ou, plus communément, quand un grand avion de transport s'écrase au sol et prend feu, carbonisant de nombreuses victimes. Une réponse partielle peut déjà être envisagée au moyen des témoignages d'aviateurs enregistrés plus haut. Toutefois nous ne nous dérobons pas en présence des catastrophes aériennes et nous pensons que, dans ce cas, plusieurs éléments d'appréciation entrent en jeu.

Quand la chute semble inévitable, il existe évidemment une réelle angoisse, laquelle évolue rapidement vers une sorte d'inhibition. Rappelons qu'en face d'un danger imminent et soudain la Nature opère les mutations indispensables. Une sécrétion inhabituelle de certaines glandes de l'endocrine détermine une espèce de paralysie, en même temps qu'une constriction des vaisseaux périphériques destinée à limiter, en cas de traumatisme, l'effusion immédiate du sang.

Deuxièmement : l'écrasement au sol constitue un choc brutal amenant sûrement l'inconscience.

Troisièmement : l'incendie, quand il se déclare, est tout de suite foudroyant. Il s'accompagne à la fois d'une ardente chaleur et de l'émission de gaz de diverses sortes, lesquels provoquent une asphyxie rapide avec la perte du sentiment.

Il n'en reste pas moins que certaines victimes peuvent être gagnées par la flamme alors qu'elles sont en état de partielle connaissance. Si l'inhibition susvisée ne s'est pas produite, ce qui doit être rare, il y a inévitablement morsure par le feu. Mais, dès que cette morsure se généralise, se généralise aussi l'insensibilisation des tissus, ainsi que le démontre l'exemple de la bombe atomique. Étendue à l'ensemble du corps la sensation est nécessairement abolie et on enregistre une véritable sécession entre le sentiment et la douleur.

Nous nous sommes souvent demandé quelles avaient pu être les sensations des malheureux que l'autorité ecclésiastique faisait monter sur le bûcher sous prétexte de sauver leur âme. Il est hors de doute que cela devait être horrible parce que la flamme gagnait progressivement les suppliciés. Certains, par sadisme religieux, jouaient même de ce retardement pour accroître les tourments de la géhenne. Mais comment ne pas voir là une marque de la cruauté humaine, acharnée à fausser l'ordonnance des phénomènes pour la satisfaction d'un diabolisme intérieur ?

Il en est de même des tortures d'Extrême-Orient dont le raffinement n'a d'autre objet que de retarder la mort salvatrice, laquelle, malgré tout, finit par soustraire les martyrs à leurs bourreaux.

Et c'est là-dessus que nous terminerons en constatant que la mort est une issue merveilleusement huilée que la Nature a ordonnée de manière qu'elle opère en toute simplicité. A la condition toutefois que nulle intervention intempestive n'en adultère les phases et, par souci d'aider les mourants, ne vienne accroître les affres de la mort.

## 6. L'après-mort

D'autres m'ont fait valoir que pour les croyants, et même pour nombre d'athées, la question n'était pas de savoir ce qui se passe *pendant* mais ce qui survient *après*.

L'instant physique de la mort ne constitue pas, en effet, et à beaucoup près, le fond d'un débat de cette importance mais, lors des premières éditions de ce livre, et en considération du fait que nous nous adressions à la généralité des hommes, tant matérialistes que spiritualistes, nous nous étions interdit délibérément d'envisager le problème de la survivance, nous réservant d'y consacrer un ouvrage ultérieur.

Cet ouvrage a paru en 1958 sous le titre de *L'Après-mort*. Dans cet important travail nous envisageons la survie sous tous ses aspects, même les plus inattendus, même les plus contraires aux idées reçues, sans négliger pourtant de tenir compte, dans la mesure voulue, des données de la tradition.

GEORGES BARBARIN

# Postface

Pour compléter ce livre de mon père, voici une autre expérience bouleversante que j'ai, hélas ! vécue : mon fils aîné fut atteint de leucémie à l'âge de 19 ans et, d'un enfant splendide qui n'avait jamais été malade, le cancer et le professeur Mathé firent, en quatre semaines, un rescapé de Dachau. La dernière semaine, mon fils délirait et prononçait des mots sans suite. Un jour, il reprit conscience et me dit : « *Tu sais, je viens de faire un cauchemar ; j'étais emporté par une rivière en crue et chaque fois que je m'accrochais à une branche le courant m'en arrachait ; je n'arrivais pas à reprendre pied.* » Deux ou trois jours plus tard, mon fils se réveilla tout à coup et me dit : « *Regarde, regarde, je suis debout au pied de mon lit,* **ET JE SUIS TOUT EN LUMIÈRE.** » Je sus alors que la fin était proche. Le lendemain, il reprit complètement connaissance, fut très bien toute la journée, bavardant un peu, souriant, détendu lui qui avait été si irritable et agressif depuis le début de sa maladie et contrairement à son caractère habituel. Le soir, tout à coup, il se redressa sur son lit, eut une sorte de hoquet et retomba. Immédiatement, la chambre était vide ; il était déjà parti au loin car la maladie et l'affaiblissement avaient permis à l'âme de se dégager très vite de la pauvre enveloppe charnelle restante.

Voici maintenant ce qui concluera ce livre définitivement. Le 1er août 1965, à 20 heures, mon père Georges Barbarin et sa femme Sen périssaient asphyxiés dans leur jardin de Bormes-les-Mimosas, lors des grands incendies du Var. Ils avaient dû quitter leur maison pleine de fumée, un bungalow voisin brûlant à 3 m de là, rempli de vêtements et de livres. Ils étaient partis tous deux, la main dans la main, et n'avaient pas fait 50 m quand, dans la fumée, ils tombèrent du haut d'une « planche ». On les retrouva tous deux, se tenant toujours par la main, asphyxiés mais non brûlés. Ils avaient connu cette « mort douce ».

Quelle étrange fin semble-t-il pour celui qui croyait en l'AMI. Tout s'était orchestré pour qu'arrive cette fin qui n'avait aucune raison d'être. Il avait fallu que nous les quittions la veille, que les voisins toujours là et ne s'absentant jamais ensemble soient partis de l'autre côté du feu, que Sen, ma belle-mère, très éprouvée par les occupations du Viêt-nam l'oblige à quitter sa prière et sa méditation. Quelle étrange fin pour un « Scorpion » que la purification par le feu !

Je sais que le passage fut rapide et sans souffrances et que la « lumière » les attendait de l'autre côté après avoir franchi la porte de notre univers matériel.

**La vie commence quand notre vie s'achève** était sa conviction profonde, et telle est la mienne.

Françoise Feuillet-Barbarin
Le Clos de Fancy (mai 1984)

# Table des matières

La composition et l'impression de cet ouvrage
ont été réalisées par CLERC S.A.
18200 SAINT-AMAND - Tél. : 48-96-41-50
pour le compte des ÉDITIONS DANGLES
18, rue Lavoisier - 45800 ST-JEAN-DE-BRAYE

Dépôt légal Éditeur n° 1643 - Imprimeur n° 4459

Achevé d'imprimer en Octobre 1990

*Du même auteur :*

## Georges BARBARIN :
## COMMENT VAINCRE PEURS ET ANGOISSES. Guide pratique pour retrouver confiance, sérénité et joie de vivre.

*Collection « Savoir pour réussir » ; format 13,5 × 18 ; 136 pages*

Le diagnostic de notre époque tient en 4 mots : **LE MONDE A PEUR.** Cette peur diffuse, sournoise et insidieuse est à la fois collective et individuelle. Elle est étroitement liée aux temps troublés que nous traversons, à l'insécurité grandissante, à l'appréhension du lendemain.

Il existe de **nombreuses formes de peurs** : peur de la maladie, de la souffrance, de la mort, de l'au-delà ; peur de soi-même (sentiments d'infériorité ou d'incapacité) ; peur pour sa famille, ses biens, sa situation ; peur de la nature et de ses manifestations ; peur des événements ; peur des autres hommes et de leurs actes...

Il faut d'abord **analyser et disséquer les causes profondes et réelles et surtout les conséquences existentielles de vos peurs et angoisses,** afin d'en mettre à nu tous les aspects négatifs et insidieusement destructeurs qui paralysent tout dynamisme et toute progression, individuelle ou collective. Le seul fait d'avoir peur nous met en état d'infériorité par rapport aux circonstances, aux êtres et aux choses, et c'est l'enchaînement infernal générateur de nouvelles anxiétés.

Il faut ensuite, à partir de cette analyse, **modifier profondément notre façon de penser et d'appréhender les choses de la vie.**

L'AMOUR et la FOI sont les meilleurs antidotes de la peur. L'amour universel envers tous les êtres vivants et la création dans son ensemble, la foi en l'avenir... et en vous-même chasseront la peur et l'inquiétude de votre esprit. N'admettez rien de ce qui est laid, mauvais, cruel, négatif, morbide, mais recherchez et mettez en valeur tout ce qui est plaisant, constructif, utile, heureux. Éliminez toute pensée négative ou défaitiste, et imprégnez votre subconscient d'**amour** et de **foi.**

Vous deviendrez alors un être « libéré », affranchi des limitations et des craintes, confiant, serein, équilibré, exemple vivant pour vos proches et pour l'humanité.

**EXTRAIT DE LA TABLE DES MATIÈRES :**

1. **L'âge de la grande peur** - Mécanisme de la peur - Le libre arbitre - Les responsabilités - La souffrance des inadaptés - L'universalité de la peur...
2. **Ne craignez point pour vous personnellement** - La peur pour votre corps - Barrez la route aux accidents - Ne redoutez pas la mort - Pour renaître spirituellement - N'ayez pas peur de vous-même - Explorez votre être intérieur...
3. **Ne craignez point pour vos familles** - L'angoisse maternelle - Les liens fluidiques - Soignez votre propre cœur - Le grand devoir de l'exemple...
4. **Ne craignez point pour votre situation ni pour vos biens** - L'importance et le mythe - Cherchez votre axe spirituel - La capitalisation spirituelle...
5. **Ne craignez point les autres** - Méfiance et bienveillance - La clé des cœurs - L'alliance avec les animaux - La peur ne peut cohabiter avec l'amour...
6. **Ne craignez point les choses** - Vivez en accord avec la nature...
7. **Ne craignez point les événements** - Développez vos pouvoirs supérieurs - Comment agir sur les événements - Restez maître du présent - Assainissez votre esprit...
8. **Ne craignez pas le mal** - Les forces négatives - Les faux conducteurs...

Ayez la foi ! Ayez l'amour ! Le grand remède.

*Du même auteur :*

## Georges BARBARIN :

## LES CLÉS DE L'ABONDANCE. Le jeu passionnant de la vie.

*Collection « La Science de l'être » ; format 15 × 21 ; 160 pages.*

---

La véritable abondance dont il est ici question n'est pas limitée à la vie superficielle, au monde purement matériel ou aux sensations factices. Ce n'est pas le règne de la « grande quantité », mais celui de la « grande qualité », celui de la **véritable plénitude de l'être** sur tous les plans :
— Biens matériels, bien sûr, mais seulement en suffisance et non en excès.
— Sentiments sincères et profonds d'amour, de joie, d'enthousiasme, de contentement...
— Paix et sérénité du cœur, de l'esprit et de l'âme.
— Qualités humaines développées : intelligence, courage, désintéressement, persévérance, initiative, altruisme...

**L'abondance est partout** et indépendante du monde matériel ; **on la porte en soi.** Les moyens pour y accéder sont simples : ce sont essentiellement une ouverture d'esprit aux autres, au monde et au Créateur, une confiance sincère et inébranlable. La vie est un jeu passionnant dont vous devez apprendre les règles. La partie se joue non *contre* un adversaire, mais *avec* le grand Partenaire invisible à l'origine de toutes choses. Cette union parfaite avec le Divin constitue le but de la partie dont l'enjeu n'est autre que votre épanouissement total, c'est-à-dire votre joie de vivre, votre satisfaction intérieure, votre abondance sur tous les plans.

**Le temps de chercher Dieu hors de soi est révolu** ; vos possibilités sont sans limites, mais vous n'avez d'elles qu'un concept extrêmement limité ; ouvrez le champ de votre conscience à toutes les facettes de la vie, ouvrez votre cœur à l'Infini créateur, vivez dans la foi et la confiance et vous connaîtrez enfin cette merveilleuse abondance intérieure dispensatrice de toutes les satisfactions essentielles.

**EXTRAIT DE LA TABLE DES MATIÈRES :**

1. **La vraie abondance et les mirages** - L'illusion des apparences - La course aux sensations factices - L'insatisfaction de la possession - Désir et assouvissement - Les vraies richesses sont intérieures - La richesse s'oppose à l'abondance...
2. **Où se cache l'abondance ?** - L'erreur du nombre et du volume - Les états harmonieux - Les désirs dirigés - Vrai et faux besoins...
3. **Les différentes sortes d'abondance** - Abondance intérieure, extérieure et spirituelle - Abondance de vie, de compréhension, de travail, de jeunesse - Vraies et fausses abondances...
4. **Règles et obstacles** - Les fausses lois - Chance et réussite - Vous dormez sur vos richesses - Mauvaises attitudes d'esprit - Vivez au présent - La chance et la foi - Éliminez le négatif...
5. **Le jeu de la vie et l'abondance** - Énormité de l'enjeu - Jouez toujours gagnant - On dirige le hasard - Le saut dans l'inconnu...
6. **Bases fondamentales du jeu** - Le secret des hommes forts - Les « au-delà » de vous-même - Vos possibilités sont sans limites - Le Protecteur invisible - L'union avec le Divin - La source du succès - Intelligence, courage, désintéressement - Règles du jeu - La clé d'or...
7. **Les différentes phases du jeu** - Importance éducatrice de l'échec - L'amour-propre - Un jeu d'équipe - Votre Partenaire inconnu - Accord et antagonisme...
8. **L'union avec l'Invisible** - Progressez vers la lumière - Ayez les yeux de l'âme « ouverts » - Vous êtes riche et vous ne le saviez pas - Un miracle par jour - L'accès au monde spirituel - Posséder, c'est comprendre - Communiez avec l'univers - Émerveillement, émotion, richesse imaginative...
9. **Le secret de l'abondance** - La loi du Canal - Servir l'intelligence supérieure - L'abondance d'esprit - Un rendement de cent pour un - Contentement, plénitude...

CONCLUSION : **L'abondance collective et sociale.**

*Du même auteur :*

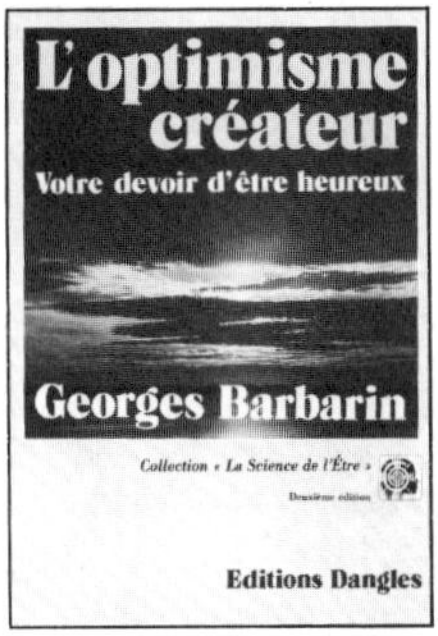


## Georges BARBARIN
## L'OPTIMISME CRÉATEUR. Votre devoir d'être heureux.

*Collection « La Science de l'être » ; format 15 × 21 ; 152 pages.*

---

Le mot « optimisme » revêt trop souvent un sens péjoratif ; certains esprits chagrins le considèrent comme une manifestation de la paresse, de la « simplicité d'esprit » doublée d'une incapacité à faire face à l'âpreté de l'existence. Quelle erreur ! Le véritable optimisme, profond et vécu, est une **force prodigieuse**, une merveilleuse impulsion à aller de l'avant, vers un monde créatif, positif, vers l'épanouissement et le bonheur véritables.
Beaucoup perdent leur temps à déplorer le passé, stigmatiser le présent et redouter l'avenir, ce qui constitue le plus sûr chemin pour rendre la vie amère et s'encombrer l'esprit de rancœurs. Nulle maladie n'est plus contagieuse que le pessimisme ; les enfants élevés dans une telle atmosphère contractent le mal de vivre avant même d'avoir vécu !
Or, nous sommes les maîtres de nos sentiments ; il ne tient qu'à nous de voir les choses et les êtres sous un éclairage positif et radieux ; ce livre pratique est d'ailleurs fait pour cela.
**Le bonheur se décide et se veut** ; chacun a le libre choix de cultiver la joie ou la tristesse en son cœur ; c'est une convention mentale, un marché que l'on passe avec soi-même.
La joie naît de la joie. **Souriez, riez, enthousiasmez-vous** ; illuminez en vous et autour de vous ; rayonnez ! Le bonheur est partout : dans l'oiseau qui chante, l'enfant qui dort, le blé qui lève, le soleil qui luit...
Et savez-vous tout ce que l'optimisme peut vous apporter de positif, tant au niveau professionnel, familial ou relationnel que sur le plan de votre santé ? L'optimisme a des répercussions inimaginables ; **l'optimisme est créateur**. Cultivez la joie en vous et la vie vous sourira, même sur des plans que vous ne soupçonnez pas. Ceux qui vous entourent seront stimulés par votre bonheur, et votre exemple les stimulera pour les entraîner à leur tour vers la joie de vivre ; c'est pourquoi **vous avez le devoir d'être heureux** ! Propulsez-vous vers ces hauteurs radieuses où vous pourrez respirer la vie à pleins poumons.
**Un livre non à lire, mais à vivre... pour vivre heureux.**

**EXTRAIT DE LA TABLE DES MATIÈRES :**

*Du même auteur :*

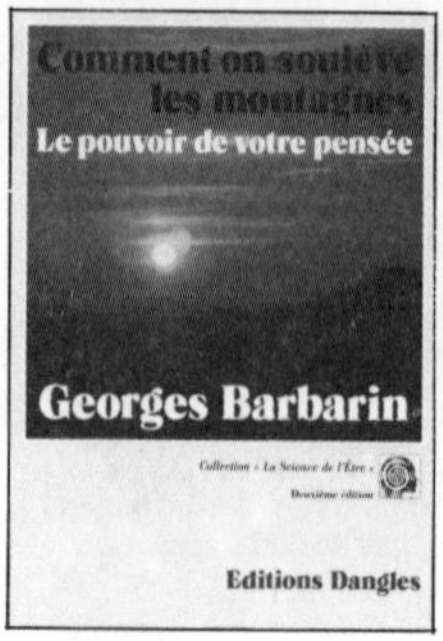


## Georges BARBARIN :

## COMMENT ON SOULÈVE LES MONTAGNES. Le pouvoir de votre pensée.

*Collection « La Science de l'être » ; format 15 × 21 ; 152 pages.*

---

La pensée juste est une arme particulièrement efficace dans notre lutte quotidienne. Parfois, vous vous considérez comme enchaîné, brimé par les événements ou par les autres ; cela peut être vrai dans votre vie matérielle, dans votre corps, mais vous disposez toujours du moyen de vous libérer par la seule force de votre pensée et de son pouvoir d'action sur l'univers invisible. Prenez conscience de l'immense pouvoir d'une idée, de **votre idée**. Une idée forte et bien dirigée libère des énergies incroyables et revêt une prodigieuse puissance.
Or, une idée se nourrit, s'entretient, s'affine ; **apprenez comment donner à vos idées l'énergie qui amènera leur réalisation**. Une grande idée, une idée puissante et positive, engendrée avec conviction, ferveur et constance aboutit infailliblement à une matérialisation dans le monde du concret et du tangible, car matière et esprit s'interpénètrent tellement qu'ils ne font qu'un.

Ce guide pratique vous apprendra comment transformer radicalement votre existence en changeant votre façon de penser. Nul ne lira ce livre sans en sortir grandi, revivifié et conscient des richesses insoupçonnées qu'il recèle en lui-même. Une maîtrise intelligente de ses pensées, en harmonie avec la loi d'Évolution de notre univers, permet à l'homme persévérant de se contrôler lui-même et d'**influer harmonieusement sur les êtres, les choses et les événements.**

**EXTRAIT DE LA TABLE DES MATIÈRES :**

I. **L'empire mystérieux de la pensée** - La pensée sans dimension - A l'image du Créateur - La pensée est extra-physique - La fiction de la matière - Pas de frontière entre matière et esprit - Le « réel » imaginaire - Matérialisation et vibrations de la pensée - Conjuguer pensée et action...
II. **Le peuple des pensées** - L'enchaînement involontaire des idées - De l'ordre dans vos pensées - La forme de vos pensées - Pensées individuelle et collective - Ne pas subir mais attirer...
III. **Naissance, vie et mort de l'idée** - Rêver n'est pas créer - Comment faire le vide de la pensée - L'idée unique - Faculté d'imagination - Développement d'une idée mère...
IV. **Nourriture de l'idée** - Les géniteurs désintéressés - L'idée brisante - Amour et intérêt : moteurs de l'idée - Chacun a sa place - Il y a un chemin pour vous - Attention à l'idée fixe ! - Quand l'idée devient autonome - Mécanisme de l'idée unique - Danger des idées-forces...
V. **Pensez correctement** - Attraction et répulsion - Les forces antagonistes - Ascension de l'idée - Les chaos pensants - Cyclones et anticyclones subjectifs.
VI. **Le fourmillement des pensées** - Conservez le secret - Affirmez vos pensées - Intensité des pensées nocturnes - La puissance magnétique de l'idée...
VII. **Le pouvoir de la pensée sur la matière** - L'homme est un être double - La matrice de l'esprit - Le processus créateur - Le souffle de vie - Le mensonge de l'apparence - Verbe et pensée - Rétention de pensée...
VIII. **La loi de l'évolution** - L'unité de pensée - Le désintéressement...
IX. **La pensée créatrice** - La clé du succès - L'harmonie avec la création - La puissance des grandes idées - Polarités attractives - Idéal et idée...
X. **Le pouvoir de l'idée** - La foi qui transfigure - L'idée sans l'homme - L'idée n'oublie pas - L'idéal créateur...